LA IGLESIA

"Este libro será un instrumento esencial para la Nueva Evangelización, invitando al lector a adoptar con gozo el llamado a ser discípulo misionero de nuestro Señor en la Iglesia de hoy, en formas prácticas."

Mons. Arturo Cepeda
Obispo auxiliar de Detroit

"En este libro, Hosffman Ospino nos ofrece una presentación de la eclesiología católica muy completa y a la vez accesible. Ospino ilumina las raíces bíblicas y teológicas de la doctrina de la iglesia en una forma completa, llena de autoridad moral e indispensable para el ministerio hispano en Estados Unidos. Breve y hermoso, el libro beneficia no solo a expertos sino también a cualquier persona interesada en participar en el futuro de la iglesia norteamericana."

Dr. Natalia Imperatori-Lee
Departamento de estudios religiosos
Manhattan College

"El Dr. Ospino nos ha brindado nuevamente un regalo invaluable al presentar una clara comprensión y apreciación de lo que es la Iglesia. Está muy bien escrito y organizado, *La Iglesia: Pueblo de Dios llamado a la comunión* es, sin duda, uno de los mejores manuales de instrucción catequética para adultos."

Adrián A. Herrera
Director asociado
Oficina de evangelización y catequesis
Arquidiócesis de Galveston–Houston

LA IGLESIA

Pueblo de Dios llamado a la comunión

HOSFFMAN OSPINO

AVE MARIA PRESS AVE Notre Dame, Indiana

Nihil Obstat: Reverend Monsignor Chanel Jeanty

Imprimatur: Most Reverend Thomas G. Wenski
Arzobispo de Miami
17 de mayo de 2018

Las citas bíblicas provienen del texto *El Libro del Pueblo de Dios*, Buenos Aires, AR: Editorial San Pablo, 1990.

La editorial Ave Maria Press, fundada en 1865, es un ministerio de la Provincia de los Estados Unidos de la Congregación de la Santa Cruz.

www.avemariapress.com

Libro de bolsillo: ISBN-13 978-1-59471-827-4

Libro electrónico: ISBN-13 978-1-59471-828-1

Foto de la portada: © Getty Images.

Diseño de la portada y de texto: Andy Wagoner.

Impreso y empastado en los Estados Unidos de América.

Índice

Introducción

"Yo soy la Iglesia, tú eres la Iglesia. Somos la Iglesia del Señor". Así dice uno de los himnos más populares que se cantan en las iglesias católicas en el mundo de habla hispana, tanto en los Estados Unidos como en América Latina y el Caribe. En lo más profundo de nuestro ser, los católicos sabemos la importancia de la Iglesia y tenemos la convicción de que como bautizados y como discípulos de Jesucristo, Dios nos llama a ser Iglesia.

Dicha convicción se hace vida cuando nos reunimos a celebrar los sacramentos, especialmente cuando celebramos la Eucaristía o cuando somos testigos de la iniciación cristiana de personas en la Vigilia Pascual. Sabemos que somos Iglesia cuando oramos juntos bajo la inspiración del Espíritu Santo, cuando estudiamos las Sagradas Escrituras e incluso cuando expresamos nuestra fe por medio del catolicismo popular. Me encantan las procesiones de Semana Santa, del día del Corpus Christi y las de otras fiestas religiosas durante el año litúrgico. Inspira mucho ver a creyentes de todas las edades que caminan juntos con Jesús, sintiendo orgullo de ser Iglesia. Esa convicción de ser Iglesia, la cual funciona casi como un instinto, especialmente cuando hemos crecido en familias y ambientes católicos, se pone a prueba cuando tenemos que definirla con detalles. No son muchos los católicos que pueden hablar de las raíces bíblicas de la Iglesia. Quizás muy pocos saben que existe un área de la teología llamada "eclesiología". Conozco muy pocos católicos que de hecho han estudiado la historia de la Iglesia: ¡casi dos mil años discerniendo qué significa ser discípulo de Jesucristo en un sinnúmero de naciones y culturas! Tal vez pensamos que esas son cosas solo para los expertos. Es muy probable que al preguntarle a un católico qué dice el Concilio Vaticano II (1962-1965) sobre la Iglesia, respondería que nunca ha leído estos documentos, los cuales son el mapa pastoral para la Iglesia en el mundo contemporáneo. Su fe en Jesucristo y la Iglesia seguramente es muy fuerte, pero desconoce una gran fuente de recursos que la pueden fortalecer aún más. El Concilio Vaticano II consistió en una serie de reuniones de obispos del mundo entero entre 1962 y 1965 en Roma para reflexionar sobre la vida de la Iglesia en el mundo contemporáneo. El Concilio fue convocado por el Papa Juan XXIII, quien murió en el transcurso de las reuniones. El Papa Pablo VI fue elegido y promulgó las conclusiones de esta importante reunión.

Este libro responde a la necesidad de recursos que nos ayuden a todos los católicos a apreciar mejor lo que es la Iglesia. El libro es una introducción práctica y sencilla escrita pensando en quienes se acercan por primera vez al estudio de la Iglesia y en aquellos católicos que están interesados en aprender más sobre lo que somos como comunidad de fe. Es natural que como cristianos católicos aseguremos que estamos enamorados de Jesucristo y seamos testigos de su amor en la vida diaria. Esto implica que también estemos enamorados de la Iglesia y su tradición histórica y que seamos sus testigos en todo momento. No podemos amar a Jesucristo y no amar a la Iglesia en su totalidad; eso incluye su trayectoria teológica. ¡Sería una gran contradicción!

El libro está escrito de manera accesible y agradable para el estudio individual o en grupo. Los últimos dos capítulos, en particular, hacen referencia a la experiencia de lo que implica ser Iglesia en los Estados Unidos, incluyendo lo que significa ser católico e hispano en este país. Asegúrate de tomar el tiempo necesario en cada capítulo. Al final de cada uno encontrarás preguntas que te ayudarán a reflexionar sobre el material. Comparte el libro con otras personas. Si puedes comparte copias con tu familia, con tu grupo de estudio o de fe. La meta es que al concluir el estudio del libro podamos decir con mayor confianza: "Yo soy la Iglesia, tú eres la Iglesia. Somos la Iglesia del Señor".

Dr. Hosffman Ospino
Profesor de teología y educación religiosa en Boston College
31 de julio de 2017
Memorial de San Ignacio de Loyola

1

¿Qué significa ser Iglesia?

Ser Iglesia es una vocación, un llamado que recibimos de Dios a participar de la riqueza de su misterio, especialmente por medio de nuestra relación con Jesucristo. Hablar de la Iglesia es hablar de quiénes somos: seres humanos creados a imagen y semejanza de Dios llamados a participar de su amor; mujeres y hombres de fe en relación con Dios para vivir nuestra existencia en plenitud.

¿Qué significa ser Iglesia? Ésta es la pregunta que nos hacemos en este capítulo. Es la misma pregunta que nos acompañará en el resto del libro. El término "iglesia" con frecuencia se limita al nombre de un edificio o quizás a un grupo pequeño de personas que proclaman ciertas convicciones de fe. A veces reducimos el concepto de "iglesia" a una institución visible como las muchas que existen en nuestra sociedad, y por ello tendemos a pensar que la Iglesia es primordialmente el conjunto de líderes que la representan: sacerdotes y obispos, religiosos y religiosas, quizás algunos teólogos, educadores y figuras públicas. Cuando hablan estas personas, asumimos que "la Iglesia" ha hablado. Cuando algunas de estas personas fallan, tendemos a pensar que "la Iglesia" ha fallado. Aunque hay un elemento de verdad en ambas observaciones, la Iglesia es mucho más que un grupo específico de personas que representan una institución; ciertamente es una realidad más importante y más que un simple edificio.

La palabra "iglesia" tiene sus raíces en la tradición judía en el Antiguo Testamento. Allí en el Antiguo Testamento nos encontramos con una palabra en hebreo que se usaba comúnmente para hablar de un grupo de personas reunidas: *Qahal*. Esta palabra hace referencia a una comunidad convocada por alguien. Una *Qahal* podía ser una comunidad de personas llamadas a estudiar un tema o quizás a discutir una realidad política o un problema urgente de la comunidad. También, una *Qahal* podía ser un grupo de personas con un interés común. Con frecuencia, quien convocaba el grupo o *Qahal* era la persona que facilitaba la conversación y establecía las directrices para dialogar o para llevar a cabo las metas del grupo.

Pues bien, teniendo como referencia este mismo concepto, el pueblo de Israel, pueblo elegido por Dios para anunciar a la humanidad su Plan de Salvación, es partícipe de la Revelación de Dios y por medio de esta experiencia comienza a verse y a entenderse como *Qahal* Yahweh, es decir como la comunidad que Dios ha convocado. Esta comunidad, *Qahal* Yahweh, tiene varias características específicas:

1. El origen de este grupo o comunidad no es exclusivamente humano. No se trata de alguien diciendo un día: "vamos a inventarnos a un dios para seguirle y luego pensamos en unas reglas que nos ayuden hacer esto". Tampoco se trata de un grupo que sigue un mito o una ideología, como pudiera ser el caso de las religiones politeístas. El punto de partida de *Qahal* Yahweh es el llamado de Dios. He aquí el

elemento vocacional y al mismo tiempo trascendente. Dios llama a la humanidad por medio del pueblo de Israel a ser *Qahal* Yahweh como parte de su vocación, su razón de ser. Dios escoge libre y gratuitamente entrar en relación con el pueblo de Israel.

2. Toda *Qahal*, asamblea o comunidad tiene un propósito. La comunidad del pueblo de Israel desde un principio entendió que su propósito era vivir en relación con el único Dios, el Dios del monoteísmo, el Dios de la creación que los bendecía, el Dios que los había llamado. Ellos sabían que esa relación les llevaría a su realización. Por eso desde el Antiguo Testamento queda bien claro que la Iglesia es una comunidad llamada por Dios. En el Nuevo Testamento esta convicción se profundizaría mucho más. Para los cristianos, dicha asamblea llamada por Dios se entiende de manera única y novedosa al experimentar la plenitud de Jesucristo. Sí, Jesucristo, Palabra de Dios hecha carne. Pero especialmente Jesucristo en su Misterio Pascual: muerto y resucitado; vencedor de la muerte y del pecado. La Iglesia, a la luz de su fe en Cristo Jesús, se entiende como comunidad llamada por Dios para darle gloria por medio del Señor, el *Kyrios*, por quien todos recibimos la Salvación.

Al leer con atención tanto el Antiguo Testamento como el Nuevo Testamento descubrimos entonces que la Iglesia es parte fundamental del misterio de salvación que Dios revela a la humanidad. La Iglesia es la comunidad que Dios quiere desde un principio. Toda la humanidad, por ser creada por Dios, está llamada a ser Iglesia. Dios llama a la Iglesia para ser instrumento de salvación. Por eso cuando limitamos la definición de Iglesia a un grupo pequeño de personas, o a un edificio, o a una serie de intereses particulares, perdemos de vista no solo la intención de Dios según su Plan, sino también el significado más profundo de lo que significa ser Iglesia. Al hablar de Iglesia debemos partir de la intención inicial de Dios para la humanidad y de su Plan de Salvación, el cual encuentra su máxima expresión en Jesucristo. Como parte del Plan de Dios, somos llamados desde un principio a vivir y participar en la experiencia divina. Al mismo tiempo, la dimensión escatológica[1] del Plan de Dios nos revela que ser Iglesia tiene implicaciones para la vida presente y la vida eterna; lo que ocurre en nuestras vidas ahora y lo que ocurrirá más allá de la muerte—después de nuestra experiencia histórica—están íntimamente relacionados.

El sentido del término *Qahal* llega al Nuevo Testamento con la palabra griega *ekklesia*, la cual también significa reunión o convocación. El término griego a su vez se traduce al latín como *ecclesia* y de ahí llega al idioma español como Iglesia. En inglés la palabra *church* tiene sus raíces en la palabra alemana *kirche*, que significa pueblo, reunión. *Kirche* también hace referencia a una intención en particular: Dios llama a un pueblo. La Iglesia no es una invención humana. La Iglesia nace de la intimidad de Dios y del deseo divino por medio del cual nos llama e invita a participar de su amor salvífico.

Raíces Trinitarias de la Iglesia

Si la Iglesia es fruto del deseo de Dios de entrar en relación con la humanidad, ser Iglesia es ante todo una vocación, un llamado, una invitación. Nos preguntamos, entonces: ¿de dónde nace ese deseo divino de invitarnos a ser Iglesia? La respuesta es sencilla: de lo íntimo de la experiencia de Dios que es Trinidad; de lo más íntimo del ser de Dios.

Para poder hablar propiamente de la Iglesia desde una perspectiva cristiana católica, antes de enfocarnos en estructuras, su misión, prácticas, dogmas y doctrinas, necesitamos adentrarnos en la experiencia Trinitaria, es decir la experiencia de Dios que es Padre, Hijo y Espíritu Santo.

Sabemos por revelación, especialmente por medio de Jesucristo, que la Trinidad es un Dios de amor. El ser de Dios es ante todo una experiencia profunda, infinita y perfecta de amor entre las tres personas de la Santísima Trinidad. En esta comunidad Trinitaria el Padre ama perfecta e infinitamente al Hijo y al Espíritu Santo. El Hijo ama perfectamente e infinitamente al Padre y al Espíritu Santo. El Espíritu Santo ama perfecta e infinitamente al Padre y al Hijo. El Padre desde la eternidad—sin principio ni fin—engendra al Hijo, y del amor entre el Padre y el Hijo procede el Espíritu Santo, tal como proclamamos en el Credo. Esta comunidad Trinitaria, comunidad de amor divino, es una comunidad que genera vida de manera inmensa, profunda y perfecta.

Aunque el Padre, el Hijo y el Espíritu Santo son tres personas divinas distintas, en esencia son una comunidad de iguales. Los tres son personas divinas: el Padre es Dios, el Hijo es Dios y el Espíritu Santo es Dios. De esta experiencia de igualdad y perfección divina surge una explosión de amor que genera vida, la cual la tradición cristiana conoce como la **gracia**. La gracia de Dios es su vida íntima, una vida de amor infinito, la cual genera vida y es compartida generosamente.

Cuando Dios crea a la humanidad, Dios lo hace a imagen y semejanza suya. Somos expresión de la intimidad de Dios. Todo ser humano, sin excepción alguna, es creado con la dignidad de ser hija e hijo de Dios. Existimos porque somos amados primero por Dios, misterio Trinitario. Al mismo tiempo, somos creados con la capacidad de amar íntima y profundamente con el amor de Dios. Con frecuencia cuando nos referimos a la *caridad*, decimos que se trata de "amar como Dios". Aunque la afirmación es inspiradora, es un tanto inexacta porque solo Dios ama como Dios. Nuestra condición de seres creados y finitos nos impide compararnos con Dios. Pero al contemplar el misterio Trinitario, descubrimos que la *caridad,* en su sentido más profundo, consiste en *amar con el amor de Dios*. Esto nos hace instrumentos por excelencia del amor divino en nuestras vidas; vasos sagrados—aunque frágiles—en los cuales Dios derrama su gracia divina para amar al mundo con un amor misericordioso y transformador.

La vocación del ser humano desde el momento en que comienza su existencia es vivir en relación con los demás tal como las personas divinas viven en relación las unas con las otras en lo íntimo de la Trinidad. Estamos llamados a vivir una relación de entrega mutua y profunda, una relación de amor misericordioso, una relación de igualdad.

Al entrar en relación con el Dios de la Revelación, especialmente por medio de Jesucristo, y al aceptar nuestra vocación a la salvación, hacemos realidad el Plan original de Dios: ser Iglesia. Por consiguiente, la Iglesia es aquella comunidad que responde a la invitación de Dios a que vivamos según la vocación para la cual hemos sido creados. La Iglesia es una comunidad de personas capaces de amar con el amor de Dios, quien es comunidad Trinitaria. La Iglesia es una comunidad de personas llamadas constantemente a participar en el Misterio Pascual de Jesucristo, expresión del misterio Trinitario. La vida sacramental nos ayuda a adentrarnos en dicho misterio.

San Pablo nos recuerda en la Carta a los Romanos (6,3-5) que por el Bautismo participamos en el Misterio Pascual del Señor: morimos con Cristo Jesús para resucitar con él a una vida nueva. Ese momento del Bautismo es una experiencia profundamente Trinitaria. Es una experiencia por medio de la cual los que hemos aceptado al Señor con el don de la fe—la fe de la Iglesia—participamos en el Misterio Pascual de Jesucristo gracias a la acción del Espíritu Santo. Por medio del Bautismo nuestras vidas entran en una relación nueva, una relación filial con Dios Padre, creador de todo cuanto existe. Lo mismo ocurre con todas las experiencias sacramentales después del

Bautismo. La Iglesia, en última instancia, es una comunidad de mujeres y hombres creados a imagen y semejanza de Dios que participamos del Misterio Pascual de Jesucristo por el Bautismo y la vida sacramental de la Iglesia, que hacemos realidad la experiencia Trinitaria en el aquí y en el ahora de la historia, y somos testigos vivos de esa relación.

La Iglesia y el Misterio Pascual de Jesucristo

Con frecuencia nos preguntamos cuál es la mejor manera de entender lo que significa ser Iglesia. La pregunta tiene sentido puesto que cada día nos encontramos con un sinnúmero de afirmaciones sobre la Iglesia, algunas positivas, otras negativas, y aún otras un poco confusas. No es difícil encontrar personas que dicen haber "dejado la Iglesia" pero afirman seguir siendo cristianos o católicos practicantes. Otros dicen que aceptan a Dios y a Jesucristo, pero no quieren saber de la Iglesia como institución. ¿Es posible vivir una fe cristiana auténtica sin la Iglesia?

Haciendo eco a las Sagradas Escrituras y a cerca de dos mil años de reflexión, la tradición católica nos enseña claramente que la única manera de ser Iglesia es viviendo en comunión íntima con Jesucristo. No se puede entender a la Iglesia sin Cristo Jesús. Pero esa afirmación debe completarse. Es contradictorio y equívoco hablar de Jesucristo sin la Iglesia. Varios documentos eclesiales contemporáneos nos recuerdan esto, especialmente la *Constitución dogmática sobre la Iglesia*, promulgada por el Concilio Vaticano II. El *Catecismo de la Iglesia Católica* es otro buen recurso que resume varias de estas convicciones (cf. n. 748-975).[2]

Hablar de Jesucristo es hablar de la Iglesia; hablar de la Iglesia es hablar de Jesucristo. No podemos separar estas dos realidades íntimas, pues hablamos de un Cristo Total (*Christus Totus*, en latín): Cristo la cabeza; la Iglesia su cuerpo. De hecho, una de las imágenes eclesiales más comunes a través de los siglos es la de la Iglesia como Cuerpo Místico de Cristo (cf. *Catecismo de la Iglesia Católica*, n. 790-795). La Iglesia por consiguiente es una expresión del amor divino por medio de la cual Dios nos comparte su gracia—es decir su vida. Quienes somos parte de la alianza nueva que Dios ha sellado con la humanidad solo podemos participar de esa gracia divina por medio del misterio de Jesucristo, el Señor Resucitado.

El Misterio Pascual, por consiguiente, es uno de los elementos fundamentales para poder entender lo que significa ser Iglesia. Gracias al Misterio Pascual, la Iglesia como comunidad de fe, cuerpo viviente de Jesucristo resucitado, posee un carácter sacramental. Por eso el Concilio Vaticano II en su *Constitución dogmática sobre la Iglesia* nos recuerda que la Iglesia es "sacramento universal de salvación" (cf. *Lumen Gentium*, n. 48). El sacramento universal de salvación es, por supuesto, Jesucristo. Sin embargo, como la Iglesia es Cuerpo de Cristo también podemos hablar de la Iglesia como sacramento universal de la salvación. La Iglesia es al mismo tiempo signo de la salvación divina e instrumento de esa salvación que recibimos en Cristo Jesús.

Al hablar de la Iglesia como instrumento y sacramento universal de salvación, hablamos simultáneamente de una realidad que "ya es" y que "habrá de venir". La Iglesia como instrumento y sacramento no es algo que hay que esperar a que ocurra en un futuro indefinido o algo que nunca hayamos experimentado. ¡Ya es y ya lo estamos experimentando . . . aunque no definitivamente! Nos encontramos, entonces, con la realidad de que la Iglesia está llamada a ser en perfección lo que ya es en su presente histórico. Esto es lo que se conoce como dimensión escatológica, es decir una realidad que apunta al futuro que habrá de venir mientras que ya se nos concede participar en el presente de aquello que se espera.

Desde esta perspectiva aprendemos que la gracia pascual que experimentamos, la gracia de salvación que Jesucristo nos ha procurado con su misterio, construye y anima a la Iglesia de una manera particular por medio de los sacramentos. Por ejemplo, el sacramento del Bautismo nos hace miembros de la Iglesia y del Misterio Pascual del Señor, unidos a él, venciendo la muerte, al pecado y al demonio, y resucitando a una vida nueva. El Bautismo nos abre el camino para continuar participando de la vida sacramental de la Iglesia y nos concede el Espíritu Santo que nos enseña y nos guía como Iglesia.

El sacramento de la Confirmación ratifica la presencia del Espíritu Santo no solo en nuestras vidas como individuos, sino también en la Iglesia como comunidad. El Espíritu Santo sigue siendo efectivo y nos envía a ser y a hacer Iglesia por medio de la misión y el testimonio.

El sacramento de la Eucaristía alimenta a todos los miembros de la Iglesia con la presencia real de Jesucristo, con su Cuerpo y con su Sangre; transforma a todos los miembros de la Iglesia que celebramos esta experiencia fascinante y la recibimos por medio de la comunión. La Eucaristía realiza a la Iglesia porque es obra de Jesucristo mismo. La Iglesia reunida como comunidad eucarística envía a la misma Iglesia sostenida por la Eucaristía a dar testimonio del misterio celebrado y del mensaje del Evangelio.

Por medio del sacramento de la Reconciliación nuestros pecados son perdonados y nuestras vidas restauradas gracias al amor misericordioso de Dios. Este sacramento facilita la unidad eclesial y sana las heridas que impiden la comunión con Dios, con otras personas, e incluso con el orden creado.

El sacramento de la Unción de los Enfermos fortalece a los miembros de la Iglesia que sufren por causa de sus dolencias y fomenta la solidaridad a través de la oración. Al estar íntimamente ligado a los sacramentos de la Eucaristía y de la Reconciliación, la Unción de los Enfermos se convierte en un instrumento clave para facilitar la comunión eclesial.

El Orden Sacerdotal, sacramento de servicio, consagra a quienes son llamados a seguir a Jesucristo y servirle por medio del sacerdocio ministerial. Una de las responsabilidades más importantes de los ministros ordenados es celebrar los sacramentos que sostienen la vida de la Iglesia.

Por último, el Matrimonio concede la gracia necesaria para hacer presente el amor del Dios Trinidad en la vida de la familia, la cual es a su vez iglesia doméstica. El Matrimonio, el segundo sacramento de servicio, construye la Iglesia por medio del amor y de la vivencia profunda de la fe en la vida diaria de la familia.

Contemplamos así cómo los sacramentos construyen y animan a la Iglesia, y nos dan vida gracias al Misterio Pascual de Jesucristo. Al hacer esto, descubrimos que son profundos momentos de amor que hacen realidad la unión íntima que existe entre la Iglesia y el Señor en la vida diaria. Lo cotidiano del encuentro con la gracia divina también se hace realidad por medio del uso de los sacramentales (ej., agua bendita, medallas, lugares de peregrinaje, santuarios, imágenes, etc.). Estos también construyen la Iglesia de una manera más sencilla y popular, es decir, como expresiones "del pueblo", aunque siempre teniendo como horizonte la vida sacramental y la vida de oración de la Iglesia en el contexto de la Tradición.

La Iglesia como Pueblo de Dios

Ahora bien, si nos preguntásemos cuál es la mejor imagen para referirnos a la Iglesia, seguramente entraríamos en un debate teológico y espiritual interesante puesto que hay bastantes imágenes que dicen mucho sobre la experiencia de ser Iglesia. Hay imágenes bíblicas de la Iglesia que aparecen en los dos testamentos, imágenes que fueron utilizadas por los Padres de la Iglesia, y muchas otras imágenes que se han ido proponiendo a lo largo de la historia. Más adelante veremos en más detalle algunas de estas imágenes. Por ahora, vale la pena reflexionar en una imagen que el Concilio Vaticano II resaltó de manera especial en la Constitución dogmática *Lumen Gentium*: La Iglesia como **Pueblo de Dios**.

¿Qué significa que la Iglesia sea Pueblo de Dios? Lo primero que debemos decir es que esta imagen es una afirmación de la dimensión comunitaria de la Iglesia. La Iglesia no es simplemente una suma de individuos con un interés en particular. Tampoco es un club al cual entramos pagando una membresía y dejamos cuando ya no le encontramos beneficio alguno. La Iglesia es un pueblo llamado y constituido por el amor que Dios comparte con la humanidad. Las bases de la Iglesia se establecen incluso antes de la historia, desde el mismo momento en que Dios anticipa la creación de la humanidad y el misterio de la Encarnación de Jesucristo, por quien somos salvos.

Desde la perspectiva divina, cuando nos descubrimos como Pueblo de Dios hemos de reconocer con humildad que la Iglesia no comienza con nosotros en el presente ni la estamos estableciendo a partir de cero. Cuando adquirimos consciencia de ser Iglesia simplemente nos descubrimos como el Pueblo de Dios del cual somos parte por la fe y por la participación en el Misterio Pascual de Jesucristo. Es algo mucho más grande que nosotros. Incluso, algo más grande que las expresiones particulares como la familia o la parroquia o incluso la diócesis. La Iglesia es el Pueblo de Dios y nos constituye como miembros de ese pueblo por medio de la Palabra de Dios y de los sacramentos. El reconocernos como pueblo exige que al hablar de la Iglesia hagamos referencia a su dimensión fundamentalmente comunitaria.

En segundo lugar, al hablar de la Iglesia como Pueblo de Dios nos insertamos en un contexto histórico específico que nos recuerda que la Iglesia existe *aquí* y *ahora*. La Iglesia siempre echa raíces en un contexto particular. Por ejemplo, la Iglesia existe en los Estados Unidos, China, Colombia, la República Dominicana, Ghana, las Filipinas, etc., dependiendo de donde nos encontremos. La Iglesia establece sus raíces en lugares donde el Pueblo de Dios vive en cada momento de su historia: "Porque donde hay dos o tres reunidos en mi Nombre, yo estoy presente en medio de ellos" (*Mt* 18,20).

Aunque la Iglesia no está limitada totalmente por la historia presente, pues está llamada a trascender el espacio y el tiempo, es importante afirmar que mientras vivamos en la historia, el aquí y el ahora son muy importantes para poder discernir cómo la presencia salvífica de Dios transforma nuestras vidas. Somos el Pueblo de Dios en los Estados Unidos (o en el país donde vivamos) y al mismo tiempo somos representantes de la Iglesia en el siglo XXI. En el contexto de la historia nuestra experiencia de ser Iglesia siempre estará influenciada por el marco espacial y temporal de nuestra existencia. Mientras más conozcamos dicho marco, mejor será nuestra experiencia de Iglesia aquí y ahora.

En tercer lugar, partiendo de nuestra realidad histórica y de la importancia de la historia en nuestro discernimiento de lo que significa ser cristiano, sabemos también que el Pueblo de Dios no fue llamado para existir como tal solamente aquí en la Tierra y en la historia. Somos un pueblo peregrino, una Iglesia que va caminando. ¿Hacia dónde? Vamos hacia el encuentro definitivo con Dios en Jesucristo, el cual ya ha comenzado, y alcanzará su plenitud al final de los tiempos.

La Iglesia peregrina existe siempre en movimiento. Esta es quizás una de las imágenes más hermosas que encontramos para hablar de la experiencia eclesial, la cual se conecta de manera única con la experiencia de millones de católicos en los Estados Unidos—y en otras partes del mundo—que son inmigrantes. En medio de las dificultades y los desafíos con los que se lucha a diario, el peregrino entiende que el lugar en donde se halla hoy usualmente no es definitivo, sino un paso más de camino hacia su destino final. Eso es precisamente lo que la Iglesia como pueblo peregrino experimenta cada día. La Iglesia peregrinante va de camino buscando al Dios de la Vida, al cual encontraremos de manera plena y definitiva en la eternidad gracias al Misterio Pascual de Jesucristo.

Este pueblo peregrino se descubre a sí mismo en el camino en tres estados: (1) La Iglesia peregrina, de la cual somos parte quienes vivimos dentro de los confines de la historia, en el aquí y en el ahora de nuestro diario existir. (2) La Iglesia purgante, aquellos que se han adelantado en el camino de encuentro con el Padre y han sido invitados a participar de su presencia salvífica, pero han de ser purificados antes de entrar de lleno a la vida celestial. (3) La Iglesia celestial, de la cual son parte todos los que ya disfrutan de lleno la alegría de estar en la presencia de Dios.

La relación de los miembros del Pueblo de Dios en estos tres estados de existencia—terrenal, purgante y celestial—es a lo que en la tradición católica se le llama *comunión de los santos*. Dicha comunión eclesial está sostenida por el vínculo de la oración. Por eso quienes vivimos en la historia tenemos la responsabilidad de orar constantemente por aquellos que han fallecido y están en el Purgatorio. La Iglesia celestial ora e intercede por nosotros en la historia y también por quienes esperan en estado de purificación ansiando participar de la vida eterna. En este sentido, ser Iglesia es vivir en comunión sostenidos por la oración.

Las cuatro marcas de la Iglesia

Hablar de la Iglesia como Pueblo de Dios nos invita a reflexionar sobre la naturaleza de esta comunidad en sus elementos externos o humanos. Sin embargo, la Iglesia también posee atributos de carácter divino, los cuales la distinguen como tal gracias a su íntima relación con Jesucristo y a la presencia del Espíritu Santo en ella. Al preguntarnos, "¿qué es la Iglesia?", la mejor manera de responder es con las palabras que encontramos en el Credo: la Iglesia es Una, Santa, Católica y Apostólica. Estas cuatro características son conocidas en la tradición como las **marcas** de la Iglesia, las cuales revelan su dimensión divina. Ninguna de estas **marcas** es fruto de un esfuerzo meramente humano, o el resultado de la planeación de una organización o una institución social, o algo que se pueda transferir a cualquier otra entidad. Las **marcas** de la Iglesia son regalos únicos de Dios. Veamos brevemente cada una de estas cuatro **marcas**.

La Iglesia es UNA en cuanto a su origen. Dios quiere desde el principio una sola Iglesia, es decir la Iglesia de Jesucristo. Esta es la Iglesia a la cual todos estamos llamados. Aunque diversas comunidades eclesiales poseen elementos fundamentales de la Iglesia de Jesucristo—por ejemplo las Sagradas Escrituras o el Bautismo o la vida de oración—creemos que la Iglesia católica romana posee todos los elementos de la Iglesia de Jesucristo que Dios ha revelado para que la humanidad se acerque a la salvación.

Sabemos también que la Iglesia está presente en casi todo rincón del mundo: Estados Unidos, Canadá, México, El Salvador, Puerto Rico, Cuba, Nicaragua, Colombia, Argentina, Bolivia y muchos otros países latinoamericanos y caribeños; también en África y en Asia, Europa y Australia, y en otros lugares en donde hay bautizados. En medio de esa diversidad pareciese que fueran muchas iglesias. Pero no se trata de muchas iglesias, pues la Iglesia es una sola. Todas estas distintas parroquias y comunidades eclesiales son expresiones de la misma Iglesia que es Una. Lo que sostiene la unidad es la comunión en la fe con Cristo Jesús, una comunión que hacemos vida por medio de la liturgia, especialmente la Eucaristía, y por nuestra adhesión firme a las enseñanzas de la Iglesia. El pecado y las divisiones lamentablemente golpean y hieren la unidad de la Iglesia, por lo cual una de las tareas más importantes en nuestra misión eclesial es ser instrumentos de comunión. No olvidemos, la Iglesia es Una en cuanto a su origen, en cuanto a su expresión y en cuanto a su meta.

La Iglesia es SANTA. La santidad de la Iglesia no es el resultado o expresión de la santidad de sus miembros, pues aunque muchos lo son, muchos otros no. ¡La Iglesia es santa porque Jesucristo es santo! Jesucristo es la fuente de la santidad de la Iglesia. Cuando los cristianos nos incorporamos profundamente a Jesucristo por medio del Bautismo participamos de manera única de esa santidad. La santidad de la Iglesia exige apertura constante y sincera a la acción del Espíritu Santo, quien mueve nuestros corazones y nos guía. Gracias a esa apertura, el Espíritu Santo obra en nosotros ayudándonos a reconocer a Jesucristo como el Señor y conduciéndonos hacia Dios Padre. Al mismo tiempo la acción del Espíritu Santo nos hace más como Dios—algo que particularmente en la tradición católica ortodoxa se conoce como "deificación". La Iglesia es santa porque el Espíritu Santo actúa continuamente como un escultor moldeando la imagen de Jesucristo en el corazón de cada uno de sus discípulos.

La Iglesia es CATÓLICA en cuanto a su universalidad y a su misión de llevar el mensaje de salvación a toda la humanidad. La palabra "católica" se deriva de dos palabras griegas: *kata* y *holos*, las cuales juntas sugieren un carácter universal. Ser católico se puede interpretar como una invitación abierta a todos. Todos estamos invitados. La Iglesia es católica en cuanto a que el llamado a participar del Misterio Pascual de Jesucristo y a recibir la Buena Nueva del Evangelio no es solo para unas cuantas personas escogidas, sino para todo ser humano en la historia. Todos estamos llamados a ser miembros de la comunidad eclesial y a participar del amor de Dios, a entrar en una relación con Cristo Jesús que nos conduce a la salvación. La Iglesia es católica porque Jesucristo está presente en ella y porque es enviada a toda la humanidad a anunciar la Buena Nueva del Señor.

La Iglesia es APOSTÓLICA. La palabra apostólica está relacionada con el verbo griego *apostellein* que significa enviar. Todos los bautizados somos enviados por Jesucristo a ser los testigos del Misterio Pascual, de la verdad de la resurrección y a ser testigos del amor de Dios en la historia (cf. *Mt* 28,19-20). De acuerdo a la tradición cristiana, la Iglesia es apostólica en dos sentidos: por un lado, es apostólica por su llamado a la misión. La Iglesia, es decir el Pueblo de Dios, la comunidad de los bautizados que son discípulos de Jesucristo, siempre es *enviada*. No puede haber un cristiano católico que diga que vive auténticamente su identidad bautismal y no salga a dar testimonio de la Buena Nueva consciente de su identidad como enviado. La Iglesia redescubre su dinamismo como una Iglesia en salida, especialmente dirigiéndose a las periferias de nuestras sociedades a anunciar el Reino de Dios y el mensaje del Evangelio en donde todavía no han sido escuchados. La Iglesia es constantemente enviada gracias a la presencia del Espíritu Santo que la mueve con la gracia divina.

Por otro lado, la Iglesia es apostólica en cuanto a que se apoya sobre los pilares de los apóstoles. La tradición apostólica es muy importante. La Iglesia es apostólica en cuanto a que se mantiene fiel a la línea de sucesión que comienza con Jesucristo y sus apóstoles, la cual continúa a través de la historia por

medio de sus sucesores—el Papa y los obispos—encargados de avanzar la misión de la Iglesia en un espíritu de comunión. Dicha comunión nos conecta de manera especial a los cristianos del pasado que recibieron el tesoro de la fe, lo hicieron vida en su momento y lo pasaron a las siguientes generaciones. Esta es una de las razones claves por la cual la tradición católica insiste en el valor de mantenernos en comunión con el Magisterio de la Iglesia, es decir con el Papa y los obispos del mundo entero quienes tienen la responsabilidad de interpretar y enseñar la fe con autenticidad.

La Iglesia es Una, Santa, Católica y Apostólica.

La importancia de las estructuras visibles de la Iglesia

Hasta ahora hemos explorado varios elementos claves que nos hacen Iglesia: la fe, el llamado de Dios, la dimensión Trinitaria, la relación con Jesucristo, las cuatro marcas, etc. Si alguien nos preguntara, "¿cuál es el propósito de ser Iglesia?" o "¿qué es lo que nos hace Iglesia?", ya contamos con varios puntos fundamentales que nos ayudarán en dicha conversación.

Sabemos también que la Iglesia es una comunidad de personas llamadas a la santidad. Sí, esta es nuestra primera vocación: participar en la vida de Dios. El llamado a la santidad es una vocación universal. Teniendo en cuenta esta vocación universal, nos preguntamos: ¿está todo el mundo llamado a vivir la santidad de la misma manera? A través de los siglos la Iglesia ha ido discerniendo maneras de vivir la santidad. En el Nuevo Testamento ya nos encontramos con algunos ministerios específicos que han servido para organizar a las comunidades eclesiales, llevar a cabo el servicio pastoral y mantener la integridad del mensaje del Evangelio. Algunos creyentes han vivido su vocación a la santidad de una manera más radical que otros, como en el caso de quienes decidieron vivir en desiertos, o en monasterios, o en conventos. Otros lo han hecho como misioneros llevando la Buena Nueva de Jesucristo a lugares en donde no se había escuchado el nombre del Señor. Otros lo han hecho sirviendo en contextos donde normalmente no irían otras personas: hospitales con enfermos terminales, situaciones de violencia, o condiciones de pobreza extrema. Otros han sido llamados en sus comunidades a consagrarse por medio del sacramento del Orden Sacerdotal y a dedicar sus vidas al servicio de comunidades cristianas. La mayoría somos llamados a vivir la santidad en la vida diaria, en los quehaceres del hogar, en la familia, en el trabajo, en el estudio, en todo lo que es parte del diario existir.

Esas distintas maneras de vivir la santidad, incluyendo los ministerios prefigurados en el Nuevo Testamento, poco a poco dieron origen a lo que hoy en día conocemos como los estados de vida eclesial. Estos estados de vida eclesial sirven para estructurar a la Iglesia. No es sorpresa alguna que la Iglesia católica tenga una estructura. Sin embargo, no es una estructura al estilo de un banco, por ejemplo, con un gerente, empleados y clientes. Tampoco es una estructura al estilo de una empresa o de un negocio con un presidente, vicepresidentes, empleados y productos para vender. La estructura de la Iglesia se deriva de su vocación a la santidad. Y es una estructura jerárquica, que establece un orden. Esta jerarquía no define su razón de ser en términos de poder o influencia política, lo cual la reduciría a una mera institución humana como tantas otras. La razón de ser de la estructura jerárquica es dar testimonio de la santidad de Dios por medio del servicio. Este es precisamente el significado de la palabra "ministerio". Mientras más alto se esté en la estructura jerárquica, según el llamado que se haya recibido, mayor la responsabilidad de ser testigos de santidad.

En el contexto de la experiencia cristiana católica hay tres maneras básicas en que los bautizados vivimos la vocación a la santidad. Primero, estamos los laicos, quienes somos la mayoría de bautizados, que damos testimonio de la gracia bautismal en el quehacer diario. Hacemos realidad nuestra vocación a la santidad como casados o solteros, siempre al servicio de Dios y de los demás.

Segundo, de entre los laicos Dios llama de manera especial a un grupo de mujeres y hombres a vivir esa misma vocación laical, que es expresión de la vocación a la santidad, con más intensidad y compromiso evangélico. Estos son los bautizados que aceptan el llamado a la vida consagrada. Los consagrados son mujeres y hombres que viven los consejos evangélicos—pobreza, castidad y obediencia—haciendo votos públicos. Muchos de ellos viven en comunidades religiosas y se identifican según un carisma específico. La vida consagrada es una expresión más profunda, no necesariamente más importante, de la vocación a la santidad por parte de algunos bautizados.

Tercero, ciertos varones bautizados son llamados a vivir la vocación a la santidad en la Iglesia católica como ministros ordenados. Este es un llamado a participar más de lleno en el ministerio sacerdotal de Jesucristo, fuente de todo sacerdocio. La vida sacerdotal no es un privilegio en cuanto a poder o influencia. Es un privilegio en cuanto a la invitación de vivir más intensamente el llamado a la santidad y de servirles a Dios y a su pueblo de una manera especial, principalmente por medio de la celebración de los sacramentos, la predicación y el servicio.

Estas tres maneras específicas de vivir la vocación a la santidad nos permiten distribuir las distintas tareas que son necesarias para que la Iglesia cumpla su misión evangelizadora. Dios llama a varios bautizados a ejercer ciertas responsabilidades al servicio de toda la comunidad eclesial. El Papa, quien es el obispo de Roma y sucesor de Pedro, sirve como cabeza de la Iglesia en el mundo entero. En comunión con el Papa están los obispos, quienes normalmente lideran iglesias particulares (o diócesis). Tanto el Papa como los obispos en comunión constituyen el Magisterio de la Iglesia. Los sacerdotes, junto con los diáconos permanentes, las religiosas, los religiosos y los laicos, ayudan a los obispos a cumplir su misión evangelizadora dentro de las diócesis. Nuevamente, no es una estructura en cuanto a poder político o social sino una estructura que nace de la respuesta a la vocación a la santidad a la cual Dios nos llama.

Conclusión

En este primer capítulo hemos explorado en breve el origen, la naturaleza y estructura de la Iglesia. La Iglesia no es un grupo de personas que un día decidieron reunirse para inventarse algo nuevo o para crear una organización de carácter humano con ciertos objetivos específicos. La Iglesia es una comunidad de mujeres y hombres movidos por el Espíritu Santo que respondemos por medio del don de la fe al llamado de Dios a ser testigos del Misterio Pascual de Jesucristo.

Esta es una comunidad que se sostiene constantemente por medio de la celebración de los sacramentos y de la Palabra de Dios. Es una comunidad que está llamada a hacer presente el Reino de Dios en la historia. Dios acompaña a la Iglesia hasta que todos nosotros nos encontremos en su presencia. Dios la quiere desde el principio y la espera al final para lograr nuestra realización plena en Dios mismo por medio de Jesucristo.

La Iglesia es el Pueblo de Dios que vive en la historia, un pueblo que vive en contextos particulares, un pueblo que existe aquí y ahora. Al mismo tiempo la Iglesia es una realidad divina y su dimensión divina es un regalo que Dios le concede por medio del Espíritu Santo. La Iglesia como realidad divina es Una, Santa, Católica y Apostólica. Su misión es ser testigo de la verdad del Evangelio, especialmente del misterio de Jesucristo resucitado. No podemos entender la Iglesia sin Jesucristo. Hablar de Jesucristo sin la Iglesia sería hablar de su misterio a medias. La Iglesia es una comunidad estructurada a la luz del llamado que Dios hace a toda la humanidad a la santidad, el cual los bautizados vivimos y actualizamos por medio de nuestra relación con el Señor. La estructura jerárquica de la Iglesia es importante para avanzar su misión.

Preguntas para la reflexión y el diálogo

1. En tus propias palabras: ¿Qué significa ser Iglesia? Resalta al menos dos o tres características que hayas aprendido después de leer este capítulo.

2. Muchas personas hoy en día dicen creer en Jesucristo, pero no quieren estar en relación con la Iglesia, especialmente en su expresión institucional. ¿Qué aprendiste en este capítulo que te ayudaría a hablar con más confianza sobre la relación entre Jesucristo y la Iglesia?

3. Si ser Iglesia es ante todo un llamado de Dios, ¿qué crees que puedes hacer en tu familia y en tu comunidad para vivir este llamado con mayor compromiso?

2

La Iglesia en las Sagradas Escrituras y en la Sagrada Tradición

En este capítulo nos disponemos a discernir lo que significa ser Iglesia a la luz de las Sagradas Escrituras y la Tradición. Es común que muchas personas se pregunten cómo sabemos los católicos lo que creemos sobre la Iglesia. Esta pregunta se formula con frecuencia cuando nos encontramos con personas que cuestionan la autenticidad de la Iglesia católica o simplemente la miran como una institución de carácter humano como cualquier otra organización civil.

Es tentador tratar de explicar todo lo que sabemos sobre la Iglesia buscando textos e imágenes en la Biblia. Ciertamente mucho de lo que creemos sobre la Iglesia está basado en las Escrituras, como veremos en este capítulo. Pero no podemos olvidar que la Iglesia es una comunidad viva que se mueve con la fuerza del Espíritu Santo en la historia. De hecho, las Escrituras nacieron en el contexto de la Iglesia a medida que la comunidad de creyentes discernía la Revelación pública de Dios. Por consiguiente, hay mucho que podemos aprender sobre la Iglesia de su experiencia diaria y la reflexión sobre esa experiencia. A ese conjunto de prácticas, experiencias, reflexiones y convicciones le llamamos Tradición (con "T" mayúscula).

Dios llama a un pueblo en el Antiguo Testamento

En el Antiguo Testamento encontramos los primeros signos que nos indican que Dios siempre ha querido la Iglesia y que la Iglesia es necesaria para poder apreciar al máximo el misterio salvífico de Jesucristo. Desde el principio de la historia Dios hace claro el llamado a la Iglesia a existir y lo hace dentro del contexto de la experiencia del pueblo de Israel.

Israel es un pueblo pequeño en la antigüedad, en el área geográfica del mar Mediterráneo, cuya historia particular tiene lugar en medio de un contexto pluralista y politeísta. Comparado a los muchos pueblos y comunidades que le rodeaban, Israel se caracterizó por ser un pueblo que escuchó el llamado del Dios único, quien sería conocido como el Dios de Israel. Israel es un pueblo monoteísta. Yahweh es el Dios verdadero porque se ha revelado como tal. El llamado de Israel a entrar en relación con Dios anticipa el llamado que la Iglesia recibirá.

¿Por qué Israel? ¿Por qué decide Dios revelarse por medio de este pueblo en particular? No se trata tanto de los méritos de Israel o porque este pueblo sea mejor que otros. En última instancia la revelación de Dios tiene un elemento de capricho. Dios decide revelarse de manera libre y gratuita por medio de Israel. Este pueblo venía discerniendo a través de su historia la posibilidad de entrar en relación con el único Dios. Esto es en gran parte lo que significa ser Iglesia también: discernir la manera en que Dios actúa en nuestras vidas y permitir que dicha acción nos transforme.

En medio de las dificultades de los primeros años de su existencia, los israelitas leyeron los signos de los tiempos para discernir cuál era exactamente el papel que Dios tenía para ellos como pueblo. Eventualmente descubrieron que Dios llamaba a la humanidad entera a la salvación por medio de ellos. Los cristianos también verían este llamado como parte de su vocación a ser Iglesia.

En la historia de Israel encontramos varios momentos especiales en los cuales su vocación se va vislumbrando cada vez con más claridad. Dios llama a Abram (conocido luego como Abraham) explícitamente a serle fiel solo a Él. Este mismo llamado será renovado en sus descendientes, comenzando con su hijo Isaac y su nieto Jacob (luego conocido como Israel). Dios le promete a Abram que gracias a su fidelidad su descendencia será tan abundante "como las estrellas del cielo y como la arena en la orilla del mar" (*Gn* 15,5). Dios también le promete a Abram que su descendencia heredará una gran porción de tierra (*Gn* 15,18-21), la "Tierra Prometida", la cual será descrita más adelante como "una tierra que mana leche y miel" (*Ex* 3,8). Siglos más tarde estas mismas imágenes serían interpretadas por los cristianos, a la luz del misterio de Jesucristo resucitado, como expresiones que desde aquel entonces ya anunciaban la existencia de la Iglesia.

Aparte del llamado que Dios hace al pueblo de Israel a mantenerse fiel a la alianza hecha con Abraham, también encontramos momentos claves en su historia que forjan de manera especial la identidad del pueblo, una identidad que desde una perspectiva cristiana pudiéramos llamar eclesial. Uno de esos grandes momentos es la experiencia del desierto. Dios llama a Israel de Egipto por medio de Moisés. Egipto era un lugar de esclavitud y opresión, un lugar en donde se negaba la dignidad del pueblo. Moisés lleva a ese pueblo al desierto en donde pasarán cerca de cuarenta años en un proceso de purificación y discernimiento antes de llegar a la Tierra Prometida. No solo Israel es purificado durante este tiempo, sino que en ese proceso afirma su propia identidad como Pueblo de Dios. La experiencia del desierto constituye a Israel propiamente como *pueblo*.

Junto con el llamado al monoteísmo y a la experiencia del desierto, también encontramos que en el Antiguo Testamento Dios concede instrumentos a su pueblo para que su identidad se viva cada vez más explícitamente. Uno de estos instrumentos claves es la Ley, *la Torá*. La Ley es el regalo que Dios le da a Israel para organizar su existencia. La Ley hace dos cosas al mismo tiempo: pone límites y amplía los horizontes de Israel en cuanto a su relación con Dios. Los Diez Mandamientos resumen en gran medida el contenido de la Ley (*Dt* 5,6-21). Cuando Israel acepta vivir en relación con Dios practicando la Ley, se convierte en modelo del tipo de relación que Dios desea tener con el resto de la humanidad. Por consiguiente, la Ley sirve al pueblo de Israel como un derrotero hacia el encuentro con Dios, lo cual anticipa en gran parte la vida de la Iglesia. De hecho, la Ley del Antiguo Testamento (*la Torá*) y la ley de la nueva alianza en Jesucristo (*el Evangelio*) son instrumentos que Dios nos regala para caminar hacia su encuentro.

A medida que el pueblo de Israel discierne su identidad y su razón de ser en el contexto del Antiguo Testamento, también descubre que Dios le llama a ser instrumento de su Reino. El Reino de Dios ha sido proclamado desde un principio como parte de la Revelación y de la Historia de la Salvación. Es un Reino al cual el pueblo de Israel está llamado a hacer realidad en el trascurso de la historia. Cada momento del caminar de Israel revela algo nuevo sobre el Reino de Dios: los patriarcas, el paso por el desierto, la recepción de la Ley, la Tierra Prometida, la historia de los jueces, la historia de los reyes, los exilios, el regreso a la tierra después de los exilios, la construcción del Templo y sus varias reconstrucciones, etc. Todos estos momentos revelan que el Reino de Dios se hace presente en el aquí y en el ahora de Israel y de toda la humanidad.

Finalmente, sería imposible hablar sobre la identidad de Israel como pueblo (y como anticipación de lo que será la Iglesia) sin hacer alusión a la tradición profética. El mensaje de los profetas nos ayuda a apreciar mejor la misión del pueblo de Israel—y por consiguiente la de la Iglesia. Dios llama a Israel a ser testigo de la verdad y de la justicia, ambas percibidas con más claridad gracias a la Revelación, especialmente cuando el dolor y la necesidad de los más vulnerables confrontan sus convicciones íntimas. Israel es llamado a vivir la verdad de Dios de manera profética, a entrar en solidaridad con los más necesitados, a escuchar el clamor del pobre y el afligido, a asistir a la viuda y al inmigrante.

El mensaje profético ayuda a entender la naturaleza y la misión de la Iglesia. La Iglesia de Jesucristo es una Iglesia que se conmueve con el dolor y el sufrimiento de los más pobres y necesitados. Es una Iglesia que denuncia el pecado y las estructuras que nos alejan de Dios. Es una Iglesia que anuncia la verdad de Dios en el momento presente, la verdad del Dios de la vida, del Dios que se preocupa por los más vulnerables, del Dios que nos llama a vivir en la verdad.

La comunidad cristiana medita este discernir por parte de Israel y descubre que en el pueblo elegido por Dios se anticipan la identidad y la misión de la Iglesia. Por consiguiente, es imprescindible que como cristianos leamos el Antiguo Testamento atentamente para apreciar mejor lo que significa ser Iglesia.

Imágenes de la Iglesia en el Nuevo Testamento

Hablar de la Iglesia es discernir sobre la comunidad de fe llamada por Dios en el Nuevo Testamento a vivir la experiencia transformadora del Misterio Pascual de Jesucristo. Vivimos y somos parte del Nuevo Testamento.

Veíamos cómo en la historia del pueblo de Israel en el Antiguo Testamento ya se anticipaba lo que significa ser Iglesia. Por eso nos referimos a nuestra tradición de fe como judeo-cristiana, una tradición que parte de la experiencia judía y se vive de manera única a la luz del Misterio Pascual de Cristo Jesús.

El Nuevo Testamento retoma los distintos elementos que forjaron la identidad del pueblo de Israel: vocación, promesa, fe en el único Dios, purificación y transformación, la importancia de la Ley, visión profética, etc. Todo esto es parte fundamental del Nuevo Testamento, aunque ahora interpretado a la luz del misterio de Jesucristo encarnado, muerto y resucitado.

Los autores del Nuevo Testamento nos ofrecen varias imágenes para hablar de la Iglesia. Por ejemplo, el Evangelio según San Juan y las tres cartas de San Juan nos ofrecen algunas imágenes con las que seguramente estamos familiarizados. Estas imágenes son llamadas *joánicas*, es decir símbolos que nacen en medio de la tradición de pensamiento del apóstol San Juan.

Una de estas imágenes es la de la Iglesia como **comunidad de amor**. Jesús dice: "Les doy un mandamiento nuevo: ámense los unos a los otros. Así como yo los he amado, ámense también ustedes los unos a los otros. En esto todos reconocerán que ustedes son mis discípulos: en el amor que se tengan los unos a los otros" (*Jn* 13,34-35). Las cartas de Juan hacen referencia constante al amor como el signo que identifica a la comunidad de creyentes: "Queridos míos, amémonos los unos a los otros, porque el amor procede de Dios, y el que ama ha nacido de

Dios y conoce a Dios. El que no ama no ha conocido a Dios, porque Dios es amor" (1 *Jn* 4,7-8).

Otra imagen que la tradición joánica utiliza es la de la Iglesia como **vid**: "Yo soy la vid, ustedes los sarmientos. El que permanece en mí, y yo en él, da mucho fruto, porque separados de mí, nada pueden hacer" (*Jn* 15,5). Jesucristo es ese tronco firme y fuerte al cual estamos unidos como ramas. El estar unidos a Jesucristo nos hace Iglesia. De hecho, la imagen nos permite afirmar simultáneamente que permanecemos unidos a Jesucristo como Iglesia y por medio de la Iglesia.

La Primera Carta de Pedro también nos ofrece imágenes fascinantes para hablar de la Iglesia. Uno de ellos es la Iglesia como **comunidad de elegidos y llamados por Dios**: "a los que han sido elegidos según la previsión de Dios Padre, y han sido santificados por el Espíritu para obedecer a Jesucristo y recibir la aspersión de su sangre. A ustedes, gracia y paz en abundancia" (1 *Pe* 1,1-2). La imagen nos invita a reconocer que ser miembros de la Iglesia es un privilegio.

Otras dos imágenes hermosas que encontramos en la Primera Carta de Pedro, las cuales se citan con frecuencia en la liturgia, son las de la Iglesia como **comunidad de piedras vivas** y **comunidad sacerdotal**: "también ustedes, a manera de piedras vivas, son edificados como una casa espiritual, para ejercer un sacerdocio santo y ofrecer sacrificios espirituales, agradables a Dios por Jesucristo" (1 *Pe* 2,5). A estas imágenes se une otra del apóstol por medio de la cual llama a la Iglesia **pueblo de reyes**: "Ustedes, en cambio, son una raza elegida, un sacerdocio real, una nación santa, un pueblo adquirido para anunciar las maravillas de aquel que los llamó de las tinieblas a su admirable luz" (1 *Pe* 2,9). Estas imágenes nos permiten ver que ya desde el principio las primeras comunidades cristianas habían elaborado una teología profunda de lo que significaba vivir en relación con Jesucristo como Iglesia. Un canto tradicional en las comunidades hispanohablantes del continente americano, el Caribe y España retoma todas estas imágenes de una manera fascinante: "*Pueblo de Reyes, asamblea santa, pueblo sacerdotal, pueblo de Dios, bendice a tu Señor*". Es un canto que proclama la vocación eclesial de la que participamos todos los bautizados, una vocación que no es superficial o pasajera, sino profunda y transformadora.

San Pablo en sus varias cartas también nos ofrece muchas imágenes para hablar de la Iglesia. Resaltemos tres de ellas:

La Iglesia es **esposa de Cristo**. Esta hermosa imagen hace referencia a lo sagrado de la vida marital, que experimentan la mayoría de los bautizados: "Maridos, amen a su esposa, como Cristo amó a la Iglesia y se entregó por ella, para santificarla. Él la purificó con el bautismo del agua y la palabra, porque quiso para sí una Iglesia resplandeciente, sin mancha ni arruga y sin ningún defecto, sino santa e inmaculada" (*Ef* 5,25-27). La Iglesia como esposa es amada por el Señor quien se sacrifica por ella dando su vida.

La Iglesia es **templo**, nos dice San Pablo: "Porque nosotros somos el templo del Dios viviente, como lo dijo el mismo Dios: Yo habitaré y caminaré en medio de ellos; seré su Dios y ellos serán mi Pueblo" (2 *Cor* 6,16). Dios escoge a la Iglesia como su templo y decide residir en ella. Ciertamente una gran responsabilidad para todos quienes hemos aceptado la invitación a vivir según la fe y según nuestra condición como bautizados.

Quizás una de las imágenes paulinas más conocidas para hablar de la Iglesia es la de **Cuerpo de Cristo** (cf. 1 *Cor* 12,12). Las partes del cuerpo, dice San Pablo, son muchas, pero el cuerpo es uno solo. Así también es Jesucristo. Solo hay un cuerpo, del cual Jesucristo es la cabeza y la Iglesia es el cuerpo. La Iglesia es el cuerpo del Señor.

Como veíamos, el Antiguo Testamento nos provee ciertos elementos fundamentales para entender lo que significa ser

Iglesia, como es el caso del monoteísmo, el profetismo y la centralidad de la Ley de Dios. Por su lado, el Nuevo Testamento nos ofrece imágenes que afirman exactamente las mismas realidades a la luz de la experiencia de Cristo Jesús. Los dos testamentos son testimonio de la relación de amor entre Dios y la humanidad, una relación de la cual la Iglesia nace y se nutre.

La Iglesia en la imaginación de algunos santos y grandes teólogos de la Iglesia

Así como en los dos Testamentos (Antiguo y Nuevo) encontramos imágenes que nos permiten apreciar la experiencia de la Iglesia desde distintas perspectivas, también la comunidad cristiana a través de los siglos ha propuesto imágenes con el mismo propósito. De hecho, hacemos esto a diario. Si alguien nos pregunta qué significa ser Iglesia, es posible que nuestro primer instinto sea comparar a la Iglesia a una familia, o a un grupo de apoyo, o a un hospital en un campo de batalla, etc.

Entre las imágenes más inspiradoras que encontramos en la tradición de la Iglesia están las que han usado los santos y teólogos, las cuales son con frecuencia inspiradas en las Sagradas Escrituras. Los documentos del Concilio Vaticano II, los cuales sirven como guía para la comunidad católica en el mundo contemporáneo, retomó varias de estas imágenes.

Por ejemplo, la imagen de la Iglesia como **Cuerpo de Cristo** aparece de manera prominente en la *Constitución dogmática sobre la Iglesia, Lumen Gentium* (cf. n. 7). Recordemos que San Pablo la usó en su Primera Carta a los Corintios. En el contexto actual, tal referencia nos ayuda a reflexionar sobre el Cuerpo de Cristo que está en distintas partes del mundo, en la diversidad cultural y lingüística que identifica a los bautizados. En medio de esa diversidad compartimos una sola fe, somos una sola comunidad, solo tenemos una cabeza: Jesucristo.

Otra imagen común en la tradición cristiana es la de la Iglesia como **Pueblo de Dios**. Ya la encontramos ciertamente en la Primera Carta de Pedro. El Concilio Vaticano II pone esta imagen al centro de la reflexión contemporánea sobre la Iglesia (cf. *Lumen Gentium*, n. 9-17). La Iglesia no puede ser reducida a un grupo pequeño de personas o a unas estructuras organizacionales, ni mucho menos a unos edificios. El Concilio nos invita a entendernos como Pueblo de Dios que es comunidad histórica, un pueblo que camina guiado por el Espíritu Santo, un pueblo bajo la influencia de las realidades temporales pero que no totalmente limitado por ellas. Somos un pueblo que ha sido constituido por Dios, llamado a ser testigo de Dios en el aquí y en el ahora de la historia, sabiendo que caminamos hacia la eternidad viviendo como discípulos de Jesucristo resucitado.

Una imagen favorita dentro de la tradición cristiana católica es la de la Iglesia como **comunión**. ¡La palabra comunión aparece más de treinta veces en la Constitución *Lumen Gentium*! La Iglesia es comunión a la luz de la fe, la cual es un don de Dios, fundamentada en la convicción de que Jesucristo es el Hijo de Dios que se encarnó, murió en la cruz y ha resucitado. La unidad de la Iglesia se mantiene viva cuando la jerarquía y el resto de los bautizados vivimos en comunión. La Iglesia es comunión en cuanto a su *ortodoxia*, es decir en cuanto a una fe que es auténtica y verdadera, una fe que da vida. Al centro de esta fe están las convicciones que proclamamos en el Credo. La Iglesia también es comunión en la *ortopraxis*, es decir en la manera como el pueblo creyente practica su fe según la verdad del Evangelio, buscando siempre lo que es bueno y justo, en solidaridad con todos, especialmente con los más necesitados.

El Concilio Vaticano II también habló de la Iglesia como **sacramento universal de salvación** (cf. *Lumen Gentium*, n. 48). Esta imagen nos invita a reconocer que la Iglesia es necesaria para la salvación, no porque sea dispensadora de esta por sí misma, sino porque unida a Jesucristo como su cuerpo nos conduce a la salvación que solo Jesucristo confiere.

Hay muchas otras imágenes que los santos y teólogos a través de la historia de la Iglesia han utilizado. Entre ellas está la imagen de la Iglesia como **pueblo universal**. Esta imagen nos recuerda la convicción de que todos los seres humanos, sin excepción, estamos llamados a la salvación.

La Iglesia es una **comunidad peregrina**. Esta imagen nos permite meditar sobre el hecho de que somos peregrinos que experimentamos el amor de Dios en nuestro caminar presente en la historia. Hacemos esto conscientes de que nuestra vocación no es quedarnos en este presente sino seguir caminando hacia el encuentro definitivo con Dios en la eternidad. La imagen es en gran parte contracultural, especialmente en la época actual. Nuestra cultura occidental se ha ido secularizando rápidamente, dejando a Dios de lado. Muchos pregonan que el ser humano existe en un presente inmediatista al cual hay que sacarle el mayor provecho, buscando el mayor placer posible. Pero dicha actitud pasa por alto el hecho de que el ser humano y la Iglesia en su caminar histórico no están aquí para quedarse en este presente, sino que caminamos como peregrinos hacia el encuentro con Dios.

El Papa Pío XII resaltó la imagen de la Iglesia como **Cuerpo Místico de Cristo** (cf. *Mystici Corporis Christi*, 1943), haciéndole eco a la imagen ya propuesta por San Pablo. La imagen nos recuerda que la Iglesia también es una realidad divina, es decir que Dios está presente en ella, la quiere y la sostiene con su gracia. La Iglesia como Cuerpo Místico es Jesucristo mismo presente en la historia. Allí donde está la Iglesia, Pueblo de Dios llamado a la santidad, está Jesucristo presente.

El Papa Juan XXIII habló de la Iglesia como **Madre y Maestra** (cf. *Mater et Magistra,* 1961). La Iglesia es Madre en cuanto que acompaña, protege y cuida. La Iglesia es Maestra porque nos muestra el camino de Dios y el plan de Dios para la humanidad, especialmente la manera en que los católicos hemos de llevar a cabo nuestros compromisos espirituales y sociales en el trascurso de la historia. En cuanto depositaria de la Revelación de Dios, la Iglesia nos conduce a un encuentro con la verdad, que no es otra cosa sino un encuentro con Jesucristo, el Señor.

La Iglesia es un **heraldo** que anuncia la Buena Nueva. Existe primordialmente para evangelizar (cf. Papa Pablo VI, *Evangelii Nuntiandi*, 1975, n. 14). Como heraldo, la Iglesia es una comunidad que anuncia la Buena Nueva de Jesucristo a tiempo y a destiempo.

El Papa Francisco enfatizó la idea de la Iglesia como "un **hospital de campaña** en donde se curan las heridas" (entrevista, 2013). La imagen es fascinante puesto que nos invita a pensar en lo que la Iglesia puede hacer para contrarrestar con amor misericordioso el pecado, el dolor, las dificultades y tensiones, el odio y la falta de solidaridad y de justicia que tienden a prevalecer en nuestro mundo actual. La Iglesia sienta sus bases en este campo no para unirse a esas fuerzas que están en contra del Reino de Dios sino para ser un oasis de misericordia. La Iglesia como hospital de campo que literalmente administra el elixir del amor de Dios, la gracia que Dios nos concede para restaurar las heridas que deja el pecado y la injusticia en el corazón del ser humano.

Otra imagen que vale la pena contemplar es la de la Iglesia como **comunidad fronteriza**. Los teólogos y líderes pastorales católicos hispanos en los Estados Unidos que reflexionan sobre el fenómeno migratorio desde Latinoamérica y el Caribe hacia el norte utilizan esta imagen con frecuencia. La imagen también evoca los muchos otros procesos migratorios que ocurren actualmente en el mundo. Frente a las fronteras que nos imponen las naciones, las culturas y los distintos grupos humanos, la Iglesia se reconoce como comunidad de fe que no es ni de aquí ni de allá, sino de todas partes. La Iglesia es una comunidad que cruza fronteras constantemente buscando siempre la verdad y la dignidad, ambas realidades innegociables que le pertenecen a los hijos e hijas de Dios. Es una Iglesia que cruza fronteras buscando a Dios y su Reino, deseando incesantemente que ese Reino y la verdad del Evangelio se hagan vida en todo momento.

Por consiguiente, vale la pena que te hagas la siguente pregunta: a la luz de tu experiencia actual, como creyente y como persona situada en un contexto particular, ¿cuál es tu imagen favorita de la Iglesia? Si vives con tu familia, la imagen de Iglesia como **familia** tiene un gran potencial para ayudarte a entender lo que Dios quiere de ti como miembro de esa comunidad. De hecho, la tradición cristiana con frecuencia se refiere a la familia como "iglesia doméstica". Si por ejemplo trabajas en una fábrica, ¿cuál imagen de Iglesia viene a tu mente? Si trabajas en una oficina, ¿cuál imagen de Iglesia usarías? Si trabajas en una escuela, o en una parroquia, o si te quedas en casa cuidando a tus hijos, si tienes dos o tres trabajos, ¿cuál es la imagen de la Iglesia que te da vida y te inspira a ser un mejor discípulo cristiano? Si vives en un lugar en donde hay mucha pobreza, ¿cuál es la imagen de Iglesia que más te inspiraría a dar testimonio de tu fe? Si eres una persona que vive en una comunidad urbana muy poblada o si eres un profesional, ¿cuál imagen propondrías para hablar de la Iglesia? Si trabajas en un seminario o en una universidad . . . y así sucesivamente.

Las imágenes que usamos para referirnos a la Iglesia, ya sea que las tomemos de las Sagradas Escrituras o de la Tradición, o las diseñemos nosotros mismos a la luz de nuestra experiencia particular, resaltan una dimensión de lo que significa ser parte de esta familia de fe.

La Iglesia en el mundo contemporáneo según el Concilio Vaticano II

Como hemos visto, el uso de imágenes para hablar de la comunidad de fe a la cual Dios nos llama a pertenecer es muy importante. Encontramos muchas de estas imágenes en el Antiguo Testamento y en el Nuevo Testamento, en la riqueza teológica de la Iglesia y en las reflexiones espirituales de los santos y de muchos otros creyentes. Ahora nos preguntamos: ¿Qué significa ser Iglesia en el siglo XXI?

Para responder a esta pregunta volvemos al Concilio Vaticano II. Los diversos documentos del Concilio son de gran ayuda para entender varias de las dinámicas que definen la experiencia humana en nuestro mundo contemporáneo. Al mismo tiempo, estos documentos nos ofrecen una visión clara para que la comunidad eclesial entre en diálogo con dichas dinámicas a la luz del Evangelio. De manera especial vale la pena resaltar las contribuciones de la *Constitución pastoral sobre la Iglesia en el mundo actual, Gaudium et Spes*. Esta constitución nos ofrece un análisis que sigue siendo muy relevante a las realidades que más impactan la vida de los católicos en el mundo actual y cómo la Iglesia está llamada a responder dichas realidades con la riqueza del Evangelio y el ímpetu evangelizador que le caracteriza.

El Concilio Vaticano II nos presenta a una Iglesia que es Cuerpo de Cristo inserto en la realidad presente. Es allí, en la realidad diaria, en donde vivimos todos los miembros de la Iglesia: laicos, consagrados y ordenados. No somos una comunidad de fe que se esconde o que ignora lo que ocurre a nuestro alrededor. Porque los bautizados somos mujeres y hombres que vivimos en el presente histórico que compartimos, nos preocupan los desafíos que forjan la historia. Y como resultado los interpretamos a la luz del Evangelio y respondemos a ellos como testigos de Jesucristo.

Las dos guerras mundiales que se vivieron en el siglo XX, sin contar el sinnúmero de conflictos armados a nivel local en varios continentes, nos ayudaron a fomentar una conciencia global y al mismo tiempo a reconocer con preocupación el poder de destrucción del que es capaz el ser humano. El siglo XXI no es ajeno a dichos conflictos. Tristemente este siglo comenzó siendo definido por una variedad de fenómenos y tensiones que afectan la vida de millones de personas. Sin embargo, somos más conscientes de la degradación del orden creado, muchas veces fomentada por intereses económicos y un crecimiento desordenado. Es difícil no darse cuenta de los desplazamientos masivos que ocurren en el mundo entero cuando millones de personas tienen que abandonar sus hogares por causa de la violencia, la pobreza o desastres naturales. La Iglesia necesita poner atención a los distintos movimientos políticos y sociales que con frecuencia también suscitan actitudes y conductas que no están fundamentadas en la verdad o que están directamente en contra de la dignidad del ser humano, especialmente aquellas que maltratan o amenazan la vida.

Cuando los bautizados como Iglesia somos conscientes de la realidad en la cual estamos insertos y de la cual somos partícipes, hemos de preguntarnos inmediatamente cuál es nuestro papel. En este sentido, el Concilio Vaticano II nos llama a contemplar tres ideas claves.

Primero, como Iglesia estamos llamados a ser testigos auténticos del Señor. Ser Iglesia consiste en dar testimonio constante de la fe que nos identifica como discípulos cristianos. El Concilio nos recordó que uno de los grandes dramas del mundo contemporáneo es la separación entre fe y vida: "El divorcio entre la fe y la vida diaria de muchos debe ser considerado como uno de los más graves errores de nuestra época" (*Gaudium et Spes*, n.

43). Necesitamos restablecer esa conexión entre fe y vida dando testimonio de que el amor de Dios es verdadero y afirmando la resurrección de Jesucristo aquí y ahora. Necesitamos hacer esto no solo cuando estamos en la nuestras iglesias o grupos de oración y estudio, sino en todo momento de nuestro diario existir.

Segundo, la Iglesia existe en la historia dispuesta a dialogar con otras personas y entidades, pues no estamos solos. Los bautizados no podemos ser ajenos a las realidades que afectan a las personas con quienes vivimos en nuestras comunidades y ciudades; no podemos asumir que el mundo va a solucionar sus problemas sin nosotros, pues nosotros somos parte de ese mundo y tenemos la responsabilidad de participar. El Concilio nos recuerda cómo responder con convicciones de fe ante un mundo cambiante:

> Para cumplir esta misión es deber permanente de la Iglesia escrutar a fondo los signos de la época e interpretarlos a la luz del Evangelio, de forma que, acomodándose a cada generación, pueda la Iglesia responder a los perennes interrogantes de la humanidad sobre el sentido de la vida presente y de la vida futura y sobre la mutua relación de ambas. Es necesario por ello conocer y comprender el mundo en que vivimos, sus esperanzas, sus aspiraciones y el sesgo dramático que con frecuencia le caracteriza. (*Gaudium et Spes*, n. 4)

Dicha responsabilidad es por consiguiente de carácter *eclesial* (lo hacemos como comunidad de fe), *moral* (tenemos la obligación de buscar el bien y la justicia) e incluso *teológico* (la reflexión a partir de nuestro encuentro con la Palabra de Dios nos ayuda a leer la realidad de una manera única). La Iglesia tiene mucho para contribuir a la vida pública, especialmente en conversaciones que tienen que ver con la dimensión trascendente y espiritual del ser humano, la dignidad de la persona, el derecho sagrado e inalienable a la vida, una moralidad sostenida en el bien y la verdad, y una visión del orden social basado en el bien común. Somos creyentes y miembros de una comunidad de fe, pero no podemos perder de vista que somos ciudadanos y parte activa de nuestras sociedades.

Tercero, la Iglesia como comunidad convocada por Dios es al mismo tiempo enviada. Somos misioneros:

> Como el Hijo fue enviado por el Padre, así también Él envió a los Apóstoles (cf. *Jn* 20,21) diciendo: «Vayan, pues, y enseñen a todas las gentes, bautizándolas en el nombre del Padre, y del Hijo, y del Espíritu Santo, enseñándoles a guardar todo lo que os he mandado. Yo estaré con ustedes siempre hasta la consumación del mundo» (*Mt* 28,19-20). Este solemne mandato de Cristo de anunciar la verdad salvadora, la Iglesia lo recibió de los Apóstoles con orden de realizarlo hasta los confines de la tierra (cf. *Hch* 1,8). Por eso hace suyas las palabras del Apóstol: «¡Ay de mí si no evangelizare!» (1 *Co* 9,16), y sigue incesantemente enviando evangelizadores. (*Lumen Gentium*, n. 17)

La Iglesia es una comunidad misionera que anuncia la Buena Nueva a tiempo y a destiempo. No podemos bajar la guardia en cuanto al anuncio de la verdad del Evangelio de Jesucristo. La Nueva Evangelización es precisamente una invitación a reconocer que la Iglesia tiene mucho para compartir, comenzando con el gran anuncio de que Jesucristo ha resucitado.

Conclusión

Para poder entender lo que significa ser Iglesia necesitamos acercarnos con un ímpetu renovado a las Sagradas Escrituras. Allí encontramos los fundamentos básicos y las primeras imágenes que nos permiten entender qué es la Iglesia, su naturaleza y su misión. Vimos cómo en el Antiguo Testamento ya se indican varios de los elementos fundamentales de la Iglesia de Jesucristo, comenzando con la fidelidad al Dios de la Revelación que llama y envía. En el Nuevo Testamento los cristianos leen la experiencia del pueblo de Israel, la riqueza de su Ley y la tradición profética a la luz de la fe en Jesucristo resucitado. En medio de dicha lectura se descubre una continuidad muy importante, pues las promesas de Dios se cumplen en Jesucristo y su Iglesia. De esa lectura de fe inspirada en el Misterio Pascual surge un conjunto de imágenes bíblicas hermosas en los Evangelios, en las cartas de los apóstoles y los demás libros del Nuevo Testamento. En estos escritos la Iglesia se descubre como Pueblo de Dios, Pueblo de Reyes, Cuerpo de Cristo, esposa, etc.

En su caminar histórico, la Iglesia sigue reflexionando sobre su origen, naturaleza y misión. Al hacer esta reflexión en la particularidad de distintos contextos culturales y sociales, descubre otras imágenes hermosas, enriquecidas por la vida espiritual y la actividad teológica.

¿Cuál es tu imagen favorita para hablar de la Iglesia? ¿Cuál es la imagen que te motiva a ir el domingo a celebrar el misterio eucarístico con otros bautizados? ¿Cuál es la imagen que te motiva a dar catequesis o a comprometerte en la vida pastoral de la Iglesia? ¿Cuál es la imagen que te permite compartir tu fe con tus hijos? Todos los católicos debiésemos tener al menos dos o tres imágenes que nos motiven constantemente a identificarnos como Iglesia, a avanzar la tarea de la Evangelización y a afirmar nuestra identidad como discípulos de Jesucristo gracias a la fe y el Bautismo.

La Iglesia es una realidad que Dios quiere desde el principio. Dios sostiene a la Iglesia en la historia y desea que en nuestro día se mantenga firme avanzando su tarea evangelizadora. En el fondo, este deseo es una invitación a todos los que hemos aceptado a Jesucristo como el Señor a vivir con intensidad nuestra vocación bautismal.

Preguntas para la reflexión y el diálogo

1. ¿Cuál es tu imagen favorita para hablar de la Iglesia? ¿Por qué? ¿Qué revela esta imagen de ti como discípulo cristiano?

2. ¿Qué aprendiste sobre la relación entre Dios y el pueblo de Israel en el Antiguo Testamento que te ayuda a entender mejor a la Iglesia?

3. El Concilio Vaticano II hace la siguiente afirmación: "El divorcio entre la fe y la vida diaria de muchos debe ser considerado como uno de los más graves errores de nuestra época" (*Gaudium et Spes*, n. 43). ¿Qué opinas? ¿Qué podemos hacer como Iglesia para cultivar buna uena relación entre la fe y la vida?

3

La misión de la Iglesia: evangelizar

En 1975 el Papa Pablo VI escribió una exhortación apostólica que hoy en día sigue teniendo gran influencia en el modo en que los católicos hablamos sobre la evangelización: *Evangelii Nuntiandi*. Este documento, inspirado profundamente por la visión de los documentos del Concilio Vaticano II, nos recuerda que la Iglesia "existe para evangelizar" (n. 14). Esa es precisamente la naturaleza y la misión de la Iglesia.

¿Y qué es evangelizar? La palabra evangelizar viene del vocablo griego *Evangelium*, que significa mensaje, o para ser más exactos: un buen mensaje. La Iglesia existe para anunciar el buen mensaje que Dios nos comparte en Cristo Jesús. Este es un mensaje que nos recuerda que Jesucristo se hizo uno de nosotros en la Encarnación, nos anunció la Buena Nueva, murió por nosotros en la cruz y fue resucitado por el Dios de la vida. Cuando anunciamos al mundo el misterio de Jesucristo Salvador, la Buena Nueva de Dios, estamos evangelizando.

Los primeros cristianos, acompañados por los apóstoles, comenzaron a anunciar la Buena Nueva precisamente desde esa perspectiva. Predicaban y compartían el *kerigma* o primer anuncio, pregonándolo en todas las esquinas, calles, pueblos y ciudades. Les decían a quienes los escuchaban que Jesucristo estaba vivo.

Quienes escuchan esa Buena Nueva y la hacen suya en sus vidas por medio de la fe constituyen la Iglesia de Jesucristo. Cuando la Iglesia anuncia el Evangelio está siendo fiel a su naturaleza. En otras palabras, sabemos que la Iglesia nace de la profundidad del Misterio Pascual de Jesucristo y al ser constituida por medio de ese misterio ella habla de lo que es, lo que ha experimentado. ¡La Iglesia vive, predica y pregona ante todas las naciones que Jesucristo vivo es el Señor!

Esta actividad evangelizadora es la que ha caracterizado a los cristianos a través de la historia, incluso cuando nos referimos a ella como la Nueva Evangelización. En efecto, ¿a qué nos referimos cuando hablamos de una Nueva Evangelización? Hacemos referencia precisamente a lo mismo que acabamos de afirmar: la Nueva Evangelización consiste en anunciar el Misterio Pascual de Jesucristo por medio del cual Dios llama y constituye a su Iglesia. La Nueva Evangelización es renovar la pasión. Es recordar o rememorar como comunidad, es celebrar y anunciar en nuestro momento presente el gran milagro de la resurrección—el gran milagro que Dios hizo en Cristo Jesús.

Desde los años ochenta una gran variedad de documentos eclesiales han hablado insistentemente de la necesidad urgente de una Nueva Evangelización. No se trata de un Cristo nuevo, o una Iglesia nueva, o una Palabra de Dios nueva o unos sacramentos nuevos. Lo novedoso es el contexto y las realidades en las que los cristianos católicos anunciamos la Buena Nueva aquí y ahora. La Nueva Evangelización es una invitación renovada, según San Juan Pablo II, a anunciar a Jesucristo "con un nuevo ardor, nuevos métodos y nuevas expresiones" (discurso, *Asamblea del CELAM*, 1983).

Ese **nuevo ardor** es el Espíritu Santo que viene constantemente a renovar a la Iglesia. La Nueva Evangelización exige que cada día en la vida de la Iglesia sea un nuevo Pentecostés. Los **nuevos métodos** exigen que estemos atentos a las dinámicas que definen la realidad actual y a cómo el mundo contemporáneo recibe y discierne el Evangelio. Al hablar de nuevos métodos hablamos de aprender nuevos lenguajes, usar nuevas tecnologías, hacer nuestras nuevas maneras de manifestarnos y comunicarnos. De hecho, esta doble dinámica—manifestarse (revelar la intimidad de lo que creemos y lo que somos) y comunicarse (dar a conocer con entusiasmo y claridad lo que creemos)—nos recuerda que es así como Dios se revela y como la Iglesia sigue evangelizando en la historia. Al hablar de **nuevas expresiones** nos referimos a la necesidad de que la Iglesia salga, sin temor, a comunicar creativamente la Buena Nueva a personas de nuestra época, mujeres y hombres, niños, jóvenes y adultos, personas de todas las culturas y a todos los que están abiertos a que el Espíritu Santo mueva sus corazones para recibir el Evangelio. En eso consiste ser Iglesia. La Iglesia existe para evangelizar en el aquí y en el ahora de la historia.

La centralidad de la Palabra y los sacramentos

Ser cristianos católicos significa aceptar la responsabilidad de ser testigos de la Palabra de Dios. El Concilio Vaticano II en su *Constitución dogmática sobre la Divina Revelación*, *Dei Verbum*, nos recuerda que la Palabra de Dios se revela a la humanidad por medio de dos vertientes: las Sagradas Escrituras y la Sagrada

Tradición. Las dos expresiones de la Palabra de Dios constituyen la Iglesia, la cual es testigo de esa Palabra en su quehacer evangelizador. La Iglesia escucha la Palabra como comunidad de fe. Al proclamar la Palabra, la Iglesia engendra vida nueva en las personas que la escuchan. Es por ello que ser Iglesia exige anunciar la Palabra de Dios en su integridad. Cuando la Iglesia habla al mundo en el contexto de las realidades históricas que definen nuestras vidas, lo hace con un mensaje claro e inconfundible: la Palabra de Dios.

Al interior de la vida de la Iglesia, la Palabra de Dios es norma de vida que inspira nuestra manera de hacer teología, de entender nuestra vida moral, de organizar nuestras estructuras y el cómo nos relacionamos con el mundo del que somos parte. En particular, la Palabra de Dios mediada por las Sagradas Escrituras tiene un lugar único en la espiritualidad del cristiano católico. Haciendo uso de nuestro buen sentido del humor, a veces los católicos latinos nos preguntamos, "¿cuál es la diferencia entre un cristiano católico y un cristiano de otra tradición?" Jocosamente respondemos, "el cristiano protestante lee la biblia mientras que el cristiano católico la guarda en un lugar bien bonito". Esto nos puede causar un poco de risa, pero las expresiones de humor con frecuencia contienen algo de verdad, y por ello los católicos necesitamos hacer mucho más para cambiar estos estereotipos. Es importante afirmar que un cristiano católico auténtico es un cristiano que conoce profundamente las Sagradas Escrituras y la Sagrada Tradición. Esto es lo que nos identifica como comunidad fundamentada en la Palabra de Dios.

Al mismo tiempo, la Iglesia está sostenida sobre los pilares de los sacramentos. Somos una Iglesia sacramental, una Iglesia que es constituida y fortalecida por la gracia que Dios nos comparte en aquellos encuentros profundos e intensos con el Misterio Pascual de Jesucristo a los cuales llamamos sacramentos.

Los sacramentos son, según la tradición de la Iglesia y como nos lo recuerda el *Catecismo de la Iglesia Católica*, "signos eficaces de la gracia, instituidos por Cristo y confiados a la Iglesia por los cuales nos es dispensada la vida divina" (n. 1131). Los sacramentos sostienen la vida de la Iglesia. Por ejemplo, el Evangelio según San Juan nos relata que en el momento en que una lanza atraviesa el costado del Señor en la cruz, de allí brotan sangre y agua (*Jn* 19,34). Varios pensadores cristianos a través de los siglos han interpretado este momento como el nacimiento sacramental de la Iglesia. El agua evoca el Bautismo por el cual somos llamados a una vida nueva. La sangre, es decir "la Sangre de la Alianza, que se derrama por muchos para la remisión de los pecados" (*Mt* 2,26), nos recuerda que el Señor entregó su vida para salvarnos. Cada vez que celebramos la Eucaristía recordamos como bautizados este sacrificio único y verdadero.

Siete son los pilares sacramentales sobre los cuales se sostiene la Iglesia como testigo del amor y de la gracia salvífica de Dios en el aquí y en el ahora de nuestra existencia: Bautismo, Confirmación, Eucaristía, Reconciliación, Unción de los Enfermos, Orden Sacerdotal y Matrimonio.

La Iglesia como comunidad de discípulos misioneros

Cuando hablamos de ser cristianos católicos inmediatamente hacemos referencia a nuestra vocación como comunidad de discípulos del Señor Jesucristo.

Discípulo es una palabra que viene del idioma griego y significa "enviado". Somos enviados a anunciar la Palabra de Dios y la riqueza del misterio de la Trinidad—Padre, Hijo y Espíritu Santo—dado a conocer a nosotros por medio de la Revelación. Somos enviados también a anunciar lo que hemos experimentado en nuestros corazones, tal como nos lo recuerda la Primera Carta del Apóstol San Juan: "Lo que existía desde el principio, lo que hemos oído, lo que hemos visto con nuestros ojos, lo que hemos contemplado y lo que hemos tocado con nuestras manos acerca de la Palabra de Vida, es lo que les anunciamos" (1 *Jn* 1,1). La Iglesia sale a dar testimonio como comunidad de discípulos. Pero no cualquier clase de discípulos. El Papa Francisco nos invitó a identificarnos como **discípulos misioneros**. Y esa es una gran diferencia. El discípulo es una persona que escucha la Palabra y la hace parte de su vida. El discípulo ha de encontrarse primero con Jesucristo y al encontrarse con el Señor le contempla. Esas dos dinámicas son claves: encontrarse y contemplar. Pero hay una tercera dinámica que sigue naturalmente y que con frecuencia pensamos que solo unos pocos deben hacer suya: la misión. La tarea evangelizadora de la Iglesia comienza con un encuentro personal y profundo con el Señor que lleva a la contemplación. Nos postramos a los pies de Cristo Jesús y al contemplar al Señor, él nos abraza y nos envía. El Señor envía a su Iglesia a ser misionera. Es un llamado a todos los bautizados. El documento conclusivo de la V Conferencia General del Episcopado Latinoamericano y del Caribe reunido en Aparecida, Brasil en el 2007 hace una reflexión profunda sobre estas dinámicas. El pontificado del Papa Francisco ha hecho que dicha visión ilumine la tarea evangelizadora de la Iglesia en todo el continente americano y el resto del mundo.

Hoy en día somos más conscientes de que la Iglesia no puede ser una comunidad de discípulos estáticos o una comunidad de discípulos indiferentes. Somos una comunidad de discípulos misioneros que salimos al encuentro del mundo entero tal como nos lo recuerda el Concilio Vaticano II en su *Constitución pastoral sobre la Iglesia en el mundo actual, Gaudium et Spes*: "Los gozos y las esperanzas, las tristezas y las angustias de los hombres de nuestro tiempo, sobre todo de los pobres y de cuantos sufren, son a la vez gozos y esperanzas, tristezas y angustias de los discípulos de Cristo" (n. 1).

Ser discípulo misionero consiste en salir de una manera particular en búsqueda de las personas más vulnerables de nuestra sociedad, aquellas que buscan a Dios y desean vivir su vida en plenitud, pero que por alguna razón encuentran dificultades para hacerlo. De eso se trata anunciar el Reino de Dios. En eso consiste ser Iglesia: en evangelizar. La Iglesia es una comunidad que existe para salir a anunciar el Evangelio. En términos del Papa Francisco, la Iglesia es una comunidad que sale a las periferias de nuestra realidad, las periferias donde viven muchas personas que han dejado de creer, personas que carecen de lo necesario para vivir con dignidad, personas que nunca han escuchado de Jesucristo y no han experimentado el amor de Dios, personas que sufren por causa de males sociales como la pobreza, el racismo, el sexismo y otros prejuicios. Aunque enviada a toda la humanidad, es allí en estos contextos de la periferia olvidada donde la Iglesia lleva a cabo más intensamente su misión evangelizadora.

Como parte de su misión evangelizadora, la Iglesia lleva el Evangelio a las muchas culturas en las que los seres humanos avanzamos nuestros proyectos de vida tanto individual como comunitariamente. El Evangelio echa raíces, renueva y transforma todo lo que existe en el seno de las culturas. A esto es lo que los católicos llamamos "inculturación". El Evangelio entra a formar parte de las distintas culturas en el trascurso de la historia y se hace vida en ellas, las permea dándoles un nuevo horizonte. Al hacer esto, el Evangelio afirma aquellos elementos buenos y verdaderos que ya existen allí mientras que denuncia y desafía las estructuras de pecado presentes. Por medio de la inculturación, el Evangelio crece de manera renovada haciendo presente el Reino de Dios. El papel del discípulo misionero es ser un instrumento de Dios para cumplir dicha tarea evangelizadora mientras que Evangelio echa raíces y se hace realidad en el aquí y el ahora de la historia.

La misión evangelizadora es una experiencia fascinante de la cual todos los creyentes participamos por razón de nuestra vocación bautismal. El mismo Dios que nos llama a participar de la gracia salvadora de Jesucristo por medio del Bautismo es el Dios que nos envía a las periferias tanto de la Iglesia como de nuestra sociedad para anunciar la Buena Nueva. Es posible identificar una doble dimensión en esa misión. Por un lado, la misión tiene una dimensión "hacia afuera": salimos a las periferias, salimos al mundo, somos una Iglesia en salida. Por otro lado, la misión tiene una dimensión "hacia adentro": el anuncio del Evangelio comienza en nuestro propio entorno, en la comunidad parroquial, en la familia como iglesia doméstica, en las estructuras institucionales de la Iglesia. En medio de estas dinámicas—"hacia afuera" y "hacia adentro"—nos nutrimos constantemente para recordarnos los unos a los otros que, como mujeres y hombres de fe, compartimos la vocación fundamental de ser discípulos misioneros que dan testimonio de su fe en medio de un mundo sediento de Dios y de amor.

La vocación a la comunión

Cuando reflexionamos sobre lo que significa ser cristianos católicos es importante preguntarnos: "¿cuál es el origen de nuestra identidad eclesial?" Tal como hemos visto anteriormente, el origen de la identidad de la Iglesia es la Trinidad, Dios mismo que es comunión íntima de amor y vida. La Iglesia es ante todo un reflejo de la vida inseparable de las tres personas de la Santísima Trinidad—Padre, Hijo y Espíritu Santo—unidas eternamente en una comunión de amor íntimo. Por ser fruto del amor de Dios, la Iglesia en su *ser* y en su *quehacer* refleja continuamente lo que Dios es y lo que Dios quiere para todos nosotros desde el principio. Esta es una convicción fascinante que nos invita a pensar en lo que la tradición cristiana llama el misterio de la comunión.

La meta principal de la Iglesia, Pueblo de Dios, es encontrarse con Dios y participar de la plenitud de la vida divina eternamente. Pero ese encuentro con Dios comienza ahora mismo en la historia presente, en la experiencia del diario vivir. Y es en la realidad del aquí y del ahora que Dios nos invita a experimentar la comunión.

¿Qué es la comunión? Es posible referirse a la "comunión" como el hecho de estar de acuerdo con ciertos ideales. Quizás se pudiera hablar de vivir en comunión cuando se rechazan ideas, incluso a personas, que se oponen a nuestras convicciones como grupo. Quizás alguien puede hablar de "comunión" como una especie de acuerdo teológico o ideológico entre los miembros de un grupo especial de personas. ¡Pero la comunión en su sentido teológico es mucho más que todo esto! La palabra comunión significa *común unión*. En otras palabras, la comunión es el resultado de la intención de Dios para la Iglesia. Dios, quien es comunión, quiso a la Iglesia como comunión. Dios, quien nos ha creado como hijas e hijos suyos destinados a la eternidad, nos ha hecho participes del Misterio Pascual de Jesucristo y nos llama a vivir en una comunión que solo puede ser sostenida por el don de la gracia divina. La comunión es el fruto de la fe, la cual es en sí misma un don de Dios (cf. *Ef* 2,8).

Cuando en las comunidades de fe hay divisiones, desacuerdos y tensiones, lo cual es muy normal en el contexto de las limitaciones de nuestra condición humana, no podemos perder de vista la importancia de lo que significa ser Iglesia. Por consiguiente, hemos de cuidar de no quebrantar la comunión. En el transcurso de la historia de la Iglesia se han dado muchos momentos que han herido la comunión eclesial. El término que usamos para referirnos a este tipo de herida es "cisma".

¿Qué es un cisma? Un cisma es la decisión de un grupo de creyentes cristianos de sacrificar la comunión eclesial por razones doctrinales o ideológicas. Cisma significa separación. En la historia de la Iglesia ha habido varios cismas. Quizás el más conocido es el que se conoce como la Reforma protestante del siglo XVI, al centro del cual se encuentra la figura de Martín Lutero. En el capítulo 4 reflexionaremos más sobre la causa y los efectos de la Reforma protestante.

En todos los momentos de la historia se dan tensiones que pueden llevar a la división y eventualmente a la ruptura de la comunión eclesial. Por ello necesitamos estar atentos a los signos que puedan llevar a dichas rupturas. La polarización ideológica que caracteriza varios sectores del catolicismo en los Estados Unidos y en Europa, al igual que en otras regiones del mundo, puede ser considerada como uno de esos signos. Para evitar los cismas, es importante volver siempre a los principios básicos del Evangelio y de la comunión eclesial. La comunión se fundamenta en el principio de la verdad, y cuando hablamos de la verdad estamos hablando de Jesucristo. Por consiguiente, la comunión está fundamentada primordialmente en la convicción de que el origen de la Iglesia es divino. Dios desde un principio quiere que seamos uno. Al mismo tiempo, la comunión está fundamentada en la naturaleza de la Iglesia. Hemos sido llamados y constituidos como Iglesia, Pueblo de Dios, para estar en comunión íntima con el Dios de la salvación por medio de Jesucristo y con los demás cristianos a pesar de nuestras diferencias lingüísticas, culturales, sociales, e incluso ideológicas.

La comunión se hace vida en la misión. Ser católico significa ser instrumento de comunión en el mundo entero, pero hay que comenzar en nuestros propios ambientes y en nuestras realidades más inmediatas. No se logra experimentar la comunión obligando a otras personas a pensar como nosotros ni pidiéndoles que dejen de lado sus tradiciones sociales o culturales—a no ser que estas evidentemente les alejen de la verdad de Dios. La comunión se hace vida cuando anunciamos y vivimos lo que estamos llamados a ser desde un principio: una comunidad de fe convocada por Dios para experimentar el poder transformador y salvífico del Misterio Pascual de Jesucristo. La comunión se hace vida cuando damos testimonio de la verdad de la resurrección y de lo que Dios ha hecho en nosotros por medio de su amor misericordioso.

La Doctrina Social de la Iglesia

Cuando la Iglesia avanza su misión evangelizadora, lo hace buscando el rostro de Jesucristo en todas las personas que encuentra en su caminar. Tal como el Señor mismo lo indicó, le encontramos de manera especial en el rostro de los más vulnerables y necesitados (cf. *Mt* 25,31-46). La evangelización exige comprometerse con la fuerza del Evangelio y la convicción de que Dios es un Dios de vida quien hace posible que toda persona viva su existencia según la plenitud para la cual Dios le creó, según su dignidad y vocación como hija e hijo de Dios. Dicho compromiso no excluye a nadie. El conjunto de enseñanzas que articulan la manera como los católicos hemos de vivir este compromiso se llama Doctrina Social de la Iglesia.

¿Qué es la Doctrina Social de la Iglesia? Es el conjunto de principios y convicciones que la Iglesia, Pueblo de Dios y comunidad de fe, propone para que el orden social y las relaciones entre los seres humanos se fundamenten en la verdad y el bien común. La Doctrina Social de la Iglesia está profundamente enraizada en las Sagradas Escrituras y en la Tradición de la Iglesia. Esta enseñanza constantemente entra en diálogo con la sabiduría de la comunidad cristiana acumulada a través de los siglos, las realidades que afectan la vida de las sociedades en el presente histórico, y las verdades y descubrimientos que son fruto del trabajo de las distintas ciencias que nos ayudan a entender mejor al ser humano y al orden creado. La Doctrina Social de la Iglesia nos invita a discernir cómo nuestro compromiso cristiano en la vida diaria contribuye al crecimiento espiritual del creyente, a la construcción de una mejor sociedad y a que las personas—con atención particular a las más vulnerables y necesitadas—vivan una vida plena según su dignidad como hijas e hijos de Dios.

En nuestra sociedad es fácil encontrar a personas que sufren por razón de fenómenos degradantes como la violencia, el racismo, el clasismo y el sexismo, entre muchos otros. También nos encontramos con personas que tienen hambre, que están en la cárcel, que sufren de alguna enfermedad, que no han tenido la oportunidad de estudiar, o que por una u otra circunstancia se encuentran en una posición de desventaja social. La pregunta que nos hacemos los cristianos como discípulos del Señor es: ¿Cuál es nuestra responsabilidad hacia estas personas? O de manera más específica: ¿cuál es el compromiso al cual estoy llamado como bautizado, como discípulo misionero de Jesucristo, cuando me encuentro con la persona pobre y desvalida?

Lamentablemente muchas sociedades contemporáneas, especialmente en el mundo occidental, han aceptado un individualismo radical que glorifica el egocentrismo sin importar el impacto de tal actitud en las relaciones con el prójimo y con la creación. Dicho individualismo raramente se cuestiona sobre las responsabilidades que tenemos hacia otras personas. Constantemente se nos invita a acumular bienes, disfrutar al máximo el momento presente como si no hubiera un futuro, consumir sin importar el impacto de ello en la vida de otras personas o en el mismo orden creado, etc. Con frecuencia los más débiles en nuestra sociedad, o quienes carecen de la capacidad de participar en este frenesí, son marginalizados, a veces escondidos, muchas veces ignorados.

Pero la Iglesia, inspirada en las Sagradas Escrituras y en la Sagrada Tradición, afirma que Dios nos llama a algo mucho más grande y noble. Los cristianos, fieles a nuestra condición de bautizados estamos llamados a actuar de manera responsable en nuestras relaciones con los demás y con el orden creado. En particular, en el reconocimiento del rostro de Jesucristo en ellos, se nos llama a un compromiso con las personas más vulnerables. Dicho compromiso no es una mera expresión de "buena voluntad" sino que se fundamenta en la convicción de que somos parte de una comunidad en la cual todos somos interdependientes como hijas e hijos de Dios. Por consiguiente, mi hermana y mi hermano son mi responsabilidad. Al mismo tiempo yo soy responsabilidad de mi hermana y de mi hermano. En esencia, la Doctrina Social de la Iglesia surge como una propuesta que nos invita a reconocer y a afirmar el valor de nuestro prójimo como algo esencial en nuestro diario vivir.

Esta propuesta ya se vislumbraba en el Antiguo Testamento en el mensaje de los profetas, quienes hablaban de una opción por el pobre, la viuda, el huérfano, el destituido y el inmigrante. En el Nuevo Testamento encontramos quizá uno de los textos más profundos que dan vida a la Doctrina Social de la Iglesia: *Mateo* 25,31-46:

> Vengan, benditos de mi Padre, y reciban en herencia el Reino que les fue preparado desde el comienzo del mundo, porque tuve hambre, y ustedes me dieron de comer; tuve sed, y me dieron de beber; estaba de paso, y me alojaron; desnudo, y me vistieron; enfermo, y me visitaron; preso, y me vinieron a ver. (*versos 34 al 36*)

Aquí nos encontramos prácticamente con las obras de misericordia. ¿Sabes de alguien que está enfermo, en prisión, con hambre, con sed . . . ? Esa persona es el rostro de Cristo Jesús. Al final de los tiempos, cuando el Señor nos llame a todos a su presencia en un encuentro de amor, se nos preguntará: ¿Qué hiciste para aliviar el dolor y el sufrimiento de esta persona que sufría? ¿Qué hiciste para acompañar y mejorar la calidad de vida del más vulnerable? La Doctrina Social de la Iglesia es por consiguiente el lente que nos permite evaluar nuestras acciones y determinar cómo estamos viviendo nuestro compromiso con el Evangelio en la vida diaria.

A medida que los cristianos discernimos nuestra misión evangelizadora en el contexto de la historia, la Iglesia va identificando poco a poco ciertos principios fundamentales que caracterizan las enseñanzas sociales católicas. El primero de todos en este conjunto de principios que constituyen la Doctrina Social de la Iglesia es el siguiente: todo ser humano tiene una dignidad inalienable, fundamentada en la verdad de que somos creados a imagen y semejanza de Dios. Por consiguiente, la vida del ser humano debe ser respetada como don sagrado desde el momento de la concepción hasta la muerte natural. Todo ser humano, sin importar su condición en nuestra sociedad, tiene una dignidad inviolable. Sobre este principio fundamental descansan el resto de los principios que son parte de la Doctrina Social de la Iglesia. Entre ellos se pueden resaltar el llamado a vivir en comunidad y a participar de las estructuras sociales y políticas de nuestra sociedad; la fidelidad a nuestros compromisos manteniendo un equilibrio entre deberes y derechos; la opción preferencial por los pobres y los más vulnerables; el derecho a un trabajo digno. La Doctrina Social de la Iglesia nos invita a la solidaridad, especialmente en aquellos contextos en que encontramos personas que no tienen suficiente para cubrir las necesidades básicas para vivir con dignidad.

Recientemente el tema del cuidado de la creación ha adquirido mayor centralidad en nuestro reflexionar como católicos a medida que discernimos nuestra misión evangelizadora. Los pontificados recientes del Papa Benedicto XVI y el Papa Francisco han provisto claves suficientes para entrar en esta conversación de manera informada. El cuidado del orden creado es fundamental, pues el futuro de la humanidad depende de la salud de los espacios en que vivimos. Si destruimos el orden creado nos destruimos a nosotros mismos.

Todos estos principios de la Doctrina Social de la Iglesia son parte fundamental de la misión evangelizadora de la comunidad de discípulos de Jesucristo. La Iglesia que anuncia y celebra a un Cristo vivo y resucitado como parte de su identidad evangelizadora es la misma que nos exige que estemos atentos a cómo vive nuestra hermana y nuestro hermano cerca de nosotros. Al hablar de evangelización necesitamos reflexionar sobre cómo nos relacionamos con nuestro prójimo y con el orden creado.

Conclusión

Con una mayor claridad sobre la misión evangelizadora de la Iglesia podemos apreciar con más entusiasmo y con toda seguridad lo que significa ser católicos aquí y ahora.

La misión de la Iglesia es la misma misión de Jesucristo, quien nos revela en plenitud al Dios de la vida. Como Cuerpo de Cristo, la Iglesia existe para evangelizar. La tarea evangelizadora de la Iglesia es expresión de su naturaleza y se hace vida por medio de su acción. La misión de la Iglesia se nutre por medio de la palabra de Dios y de la vida sacramental. Los sacramentos nos constituyen y nos invitan a un encuentro constante y transformador con el Señor. No podríamos hablar de la Iglesia sin la Palabra de Dios y sin los sacramentos. No la reconoceríamos.

Tampoco tiene sentido hablar de una tarea auténticamente evangelizadora que no esté fundamentada en la Palabra de Dios y en los sacramentos. La misión de la Iglesia se actualiza simultáneamente en dos direcciones: "hacia afuera", en salida, anunciando la Buena Nueva y dando testimonio de lo que Dios ha hecho en nosotros por medio de Jesucristo. "Hacia adentro", renovándose continuamente por medio de la meditación de la Palabra de Dios, la celebración de los sacramentos, el compromiso incesante a vivir en comunión y la búsqueda del bien y la verdad. La Doctrina Social de la Iglesia nos desafía a poner en práctica la experiencia de Dios por medio del compromiso de servir a los demás, especialmente a los más necesitados, y del cuidado del orden creado.

Que este capítulo sobre la misión evangelizadora de la Iglesia nos ayude a reflexionar de manera más intencional sobre nuestra identidad como cristianos católicos y nos motive a continuar siendo auténticos discípulos misioneros.

Preguntas para la reflexión y el diálogo

1. Usando tus propias palabras y teniendo en cuenta lo que has leído en este capítulo, ¿cómo le explicarías a alguien joven que "la Iglesia existe para evangelizar"?

2. ¿De qué manera te desafía la invitación del Papa Francisco a vivir tu identidad cristiana como "Iglesia en salida"? (cf. *La Alegría del Evangelio*, n. 24).

3. Algunos observadores afirman que la Doctrina Social de la Iglesia es un "tesoro escondido" que los católicos todavía no hemos aprovechado al máximo. ¿Cuál es tu reacción a esta observación? ¿Qué podemos hacer como católicos para hacer estas enseñanzas más prominentes en nuestro diario vivir y en nuestro ministerio?

4

La Iglesia desde la época de Jesús hasta hoy: una breve mirada histórica

En el presente capítulo nos embarcamos en un breve recorrido histórico que nos ayudará a apreciar mejor cómo los cristianos, desde las primeras comunidades que se formaron después de la resurrección hasta nuestro día, han discernido lo que significa ser Iglesia bajo la guía del Espíritu Santo. Es importante tener en cuenta que cada comunidad de fe tiene su propia historia y mucho se podría decir de cada acontecimiento en ellas, ya sea en los Estados Unidos, en América Latina, el Caribe o en cualquier otro lugar del mundo. Sin embargo, para poder apreciar la historia local, necesitamos conocer un poco de la historia más general.

Una de las metas de este capítulo es apreciar cómo Dios camina con la Iglesia en los altibajos de la historia y cómo, a través de los siglos, los cristianos católicos hemos sido parte de un proceso constante de discernimiento para vivir más auténticamente nuestra fe en Jesucristo resucitado en la particularidad de nuestras sociedades y culturas.

Los primeros cinco siglos de la Iglesia

Después de los acontecimientos asociados con la muerte y la resurrección de Jesús, la comunidad de discípulos cristianos tendría la tarea de interpretar lo vivido con el Señor, sus palabras y sus acciones al igual que el milagro de su resurrección. En el trascurso de la historia sería el papel de la Iglesia dar testimonio de Jesucristo. El libro de los Hechos de los Apóstoles nos ofrece el pasaje en el que los apóstoles reunidos con otros discípulos y María, la madre de Jesús, reciben el Espíritu Santo (*Hch* 2,1-13). La tradición cristiana interpreta este momento como uno de los pilares fundacionales de la Iglesia. Es el Espíritu Santo quien da vida e impulsa a la comunidad de creyentes a ser los testigos de Jesucristo, el Señor.

¿Qué significa que Iglesia haya recibido el Espíritu Santo? El libro de los Hechos de los Apóstoles nos habla de una experiencia de gozo y claridad. Al mismo tiempo nos recuerda que hubo un poco de confusión. Los discípulos estaban llenos del Espíritu Santo, lo cual les daba un conocimiento y una confianza especiales. Pero al mismo tiempo predicaban algo novedoso: que Jesús había muerto, lo cual todos sabían, pero que por ser el Hijo de Dios había resucitado. Pedro tomaría la palabra un poco después de la experiencia de Pentecostés y diría:

> Israelitas, escuchen: A Jesús de Nazaret, el hombre que Dios acreditó ante ustedes realizando por su intermedio los milagros, prodigios y signos que todos conocen, a ese hombre que había sido entregado conforme al plan y a la previsión de Dios,

> ustedes lo hicieron morir, clavándolo en la cruz por medio de los infieles. Pero Dios lo resucitó, librándolo de las angustias de la muerte, porque no era posible que ella tuviera dominio sobre él. . . . A este Jesús, Dios lo resucitó, y todos nosotros somos testigos. (*Hch* 2,22-24; 32)

Así nació la Iglesia, anunciando el *kerigma*. La Iglesia nació dando testimonio de que Jesucristo murió en la cruz y resucitó. El Señor resucitado nos concede el Espíritu Santo y nos envía a todos los que le hemos aceptado a ser sus testigos en el mundo entero. De eso se trata ser Iglesia.

Los primeros años de la vida de la Iglesia consistieron básicamente en un discernir el significado de todos estos acontecimientos. Muchas personas creyeron en las palabras y el testimonio de los discípulos del Señor. La predicación de Pedro y los demás discípulos llevaron a muchos a la conversión, especialmente a mujeres y hombres judíos que esperaban al Mesías y finalmente lo reconocieron en la persona de Jesús. Al aceptar al Señor, se bautizaron y salieron también a predicar compartiendo su experiencia de fe. Pero otros no les creyeron. Algunos pensaban que lo que decían los apóstoles era una locura y no tenía sentido. Algunos incluso vieron todos estos acontecimientos como una amenaza tanto a las tradiciones religiosas como a las instituciones políticas que prevalecían en aquel entonces.

Al paso de los años, los apóstoles y los primeros discípulos fueron muriendo, algunos por razones de edad, otros sufrieron el martirio por causa de su fe. La Iglesia comenzó a discernir los siguientes pasos como transiciones en términos de liderazgo y el establecimiento de estructuras que hicieran posible la evangelización de una manera organizada. Además, era importante preservar la integridad del mensaje que se transmitía gracias al testimonio de quienes vivieron con Jesús y lo escucharon. En estos primeros años del cristianismo el mensaje y los testimonios se comunicaban primordialmente de manera oral: este es mi testimonio . . . esto es lo que yo he experimentado . . . yo viví con el Señor . . . yo escuché a Jesús. . . .

Pronto se reconoció la necesidad de consignar muchas de estas experiencias y enseñanzas por escrito para compartirlas con las siguientes generaciones. Algunos de los apóstoles escribieron algunas cosas. Otros cristianos que escucharon a los apóstoles y a los primeros discípulos cristianos hicieron lo mismo.

Hoy en día, conocemos aquellos escritos que hablan explícitamente de Jesús de Nazaret, su vida y su mensaje, como los *evangelios*. Ellos son la Buena Nueva de Jesucristo. A medida que los discípulos del Señor hacían misión, establecían comunidades y predicaban esa Buena Nueva de Jesucristo, muchos escribían cartas a las comunidades que se iban formando. Otros escribían cartas a otros cristianos, especialmente líderes de comunidades locales. El contenido de esas cartas servía para apoyar, motivar, corregir, explicar, e incluso ofrecer reflexiones teológicas y pastorales profundas. Varias de estas cartas se comenzaron a utilizar en las celebraciones litúrgicas locales. Aunque dirigidas a una comunidad o a un líder pastoral en particular, varias de estas cartas se compartían entre las comunidades. Cuando llegó el momento de determinar qué libros serían considerados parte del Nuevo Testamento, varias de estas cartas se integraron en el canon. Estos escritos ya gozaban una gran reputación y respeto entre las comunidades cristianas y se consideraban como inspirados por el Espíritu Santo. La mayoría de las cartas que encontramos en el Nuevo Testamento fueron escritas por San Pablo y San Juan y seguramente por algunos discípulos inspirados por ellos. También encontramos algunas cartas de Pedro y otras cuyos autores permanecen anónimos.

La gran mayoría de escritos, incluyendo los evangelios, las cartas, la narrativa histórica de Lucas en Hechos, y el libro de la Revelación, se escribieron en el siglo I. Es posible que el Evangelio de Juan se haya escrito un poco más tarde. Todos ellos contienen el testimonio y la experiencia de la Iglesia durante estos primeros años. Dicho testimonio y experiencia han sido claves para sostener la identidad de la Iglesia por cerca de dos milenios.

De vez en cuando los cristianos nos preguntamos: ¿Qué fue primero, el Nuevo Testamento o la Iglesia como comunidad de fe? La respuesta es sencilla: los escritos del Nuevo Testamento nacen en el seno de la comunidad cristiana, lo cual nos lleva a afirmar la importancia de la Iglesia. Lo mismo podemos decir de la importancia del Pueblo de Israel y de los escritos del Antiguo Testamento. Ahora bien, para quienes vivimos casi dos mil años después del acontecimiento pascual, es importante que reconozcamos que las Sagradas Escrituras son inspiradas por Dios. La vida y la identidad de la Iglesia deben estar íntimamente relacionadas con ellas. Las Sagradas Escrituras son la referencia más cercana y directa a la experiencia de Jesús y a las primeras comunidades cristianas. Teniendo en cuenta esta doble dinámica, como cristianos católicos reconocemos que la Palabra de Dios llega a nosotros por medio de las Sagradas Escrituras y de la Tradición.

Las primeras comunidades cristianas se establecieron en lugares claves como los centros urbanos de Jerusalén y Antioquía en donde vivían los apóstoles junto con los primeros discípulos. A medida que el número de discípulos crecía, estos regresaban a sus lugares de origen o salían de misión y formaban comunidades en donde se establecían. Siendo Roma la capital del imperio en aquel entonces, fue natural que una comunidad cristiana influyente pronto se estableciera allí. Algunas otras comunidades se instituyeron en Asia, Europa y África gracias a la labor de cristianos dedicados a la misión.

La Iglesia, Pueblo de Dios y comunidad de creyentes dedicados a dar testimonio del Misterio Pascual de Jesucristo, comenzó a echar raíces en distintas partes del mundo. Hoy en día llamamos a esa difusión espiritual la inculturación del Evangelio, es decir el hacerse parte de las culturas y sociedades dándoles vida y sentido. En medio de ese proceso de inculturación las comunidades cristianas se encontraron con el desafío de explicar mejor su fe, lo cual exigía una reflexión teológica más organizada y la elaboración de escritos fundamentales más allá de las Sagradas Escrituras que ayudaran a explicar mejor lo que significa ser cristianos.

Entre aquellos primeros trabajos nos encontramos con un conjunto de obras escritas por un grupo de líderes pastorales que la tradición cristiana llama los **Padres Apostólicos**. Estas son obras que se escribieron entre finales del siglo I y comienzos del siglo II, reflexionando sobre lo que significa ser cristiano. Tradicionalmente se ha pensado que estos pastores, cada uno en su contexto, conocieron a alguno de los Apóstoles. Varios de estos escritos se enfocaron en la importancia del testimonio cristiano, especialmente en momentos de persecución. Los Padres Apostólicos también nos dan una idea de cómo se organizaba la vida sacramental en las primeras comunidades. Los siguientes son los llamados Padres Apostólicos: Clemente de Roma, Ignacio de Antioquía, Policarpo de Esmirna, Bernabé, el Pastor de Hermas y Papías de Hierápolis. Sus escritos recibieron gran aceptación entre los primeros cristianos.

Entre los varios documentos de los primeros años del cristianismo se destaca también la *Didajé*, palabra griega que significa “enseñanza”. Es un documento corto que nos habla sobre el Bautismo, la vida moral cristiana y la organización de las primeras comunidades. La *Didajé* es un escrito fascinante que sirve como una especie de retrato escrito del cristianismo después de la era de los apóstoles.

Junto con la reflexión teológica y los temas de identidad y organización, las comunidades cristianas también se hacían preguntas prácticas. Por ejemplo, ¿cuál es la mejor manera de anunciar las convicciones de la fe cristiana y luego catequizar o formar en la fe a quienes han aceptado que Jesús es el Señor? ¿Qué pasos hay que dar para invitar a los creyentes a recibir el Bautismo y participar en la riqueza profunda de la Eucaristía y los demás sacramentos?

Respondiendo a esta última pregunta, los primeros cristianos establecieron el proceso del **catecumenado**, el cual ha sido uno de los mejores esfuerzos en la historia de la Iglesia para catequizar e iniciar a los creyentes en la vida cristiana. El catecumenado se entiende mejor como un caminar que implica momentos de formación en la fe, ritos de transición, momentos intensos de oración, acompañamiento de la comunidad, conversión y compromisos que eventualmente llevan a la iniciación cristiana por medio de la recepción de los sacramentos del Bautismo, la Confirmación y la Eucaristía.

La Iglesia seguía expandiéndose y las comunidades crecían cada vez más. Era evidente que el encuentro con distintas culturas y el diálogo con corrientes intelectuales en estas culturas exigían una mejor articulación de las convicciones básicas del cristianismo. Los cristianos se hacían una multiplicidad de preguntas: ¿Cómo podemos explicar mejor quién es Jesucristo a nuestras propias comunidades de creyentes? ¿Cómo podemos defender nuestra fe frente a desafíos y amenazas? ¿Cuáles son las actitudes más adecuadas de un cristiano frente a la realidad política, social y religiosa del ambiente en el que se encuentra?

Durante los primeros siglos del cristianismo varios emperadores romanos no aprobaban este movimiento religioso porque el imperio romano era politeísta (creían en varios dioses) pero los cristianos, al igual que los judíos, afirmaban el monoteísmo (fe en un solo Dios). Esto causaba ciertas tensiones. Los cristianos se oponían a la guerra y al servicio militar, lo cual creaba conflictos políticos que con frecuencia terminaban en persecución. Una de las consecuencias de las persecuciones fue la muerte de muchos cristianos, quienes perdieron su vida por mantenerse firmes en sus convicciones. Pero la comunidad cristiana, inspirada por su fe, vio a estas mujeres y a estos hombres como héroes: los mártires. Para los cristianos, tal como lo afirmó el pensador Tertuliano, "la sangre de los mártires es semilla eficaz". Muchos de estos mártires hoy en día son venerados por la comunidad cristiana por su ejemplo de santidad y valentía.

Con el deseo de explicar y defender mejor sus convicciones de fe, surgió una nueva generación de teólogos en los siglos III y IV. El punto de partida de su reflexión fue la persona de Jesucristo: ¿Quién es realmente Jesucristo? ¿Es Jesucristo verdadero Dios? ¿Es Jesucristo verdadero hombre? Los cristianos afirmaban estas convicciones, pero poco se había hecho por profundizarlas intelectualmente. En el momento de hacer esta profundización, surgieron algunas diferencias entre los mismos cristianos. Era importante que se estableciesen categorías y narrativas claras, que condujeran a la unidad del pensamiento cristiano. Los **concilios ecuménicos**, o reuniones de obispos, teólogos y otros líderes pastorales, abordaron estos asuntos. Entre los concilios más influyentes durante estos primeros siglos del cristianismo encontramos el Concilio de Nicea en el año 321, el primer Concilio de Constantinopla en el año 381, y el Concilio de Éfeso en el año 431. Uno de los propósitos centrales de estos concilios fue ayudar a interpretar y explicar la fe de una mejor manera. Como fruto de los concilios de Nicea y Constantinopla nace la fórmula de fe que decimos todos los domingos en la celebración de la Eucaristía: el Credo Niceno (o más exactamente, el Credo Niceno-Constantinopolitano).[1]

Como podemos ver, el crecimiento del cristianismo en los primeros cinco siglos vino acompañado de tensiones y desafíos que obligaron a los discípulos de Jesucristo a articular mejor sus convicciones de fe, a celebrar esa fe con entusiasmo, y a ayudar a quienes habían aceptado dicha fe a ser iniciados de una manera ordenada. Grandes pensadores cristianos surgieron en estos primeros siglos, tales como Orígenes de Alejandría, Tertuliano, San Basilio, San Gregorio Nacianceno, San Gregorio de Nisa y el gran San Agustín de Hipona, quizás el pensador más conocido en la tradición cristiana.

Un último aspecto a resaltar sobre estos primeros siglos de historia es que los cristianos desde un principio se caracterizaron por hacer una opción preferencial por los más pobres y necesitados. Bien conocida es la historia—seguramente una leyenda—del diácono San Lorenzo de Roma en el siglo III, a quien las autoridades romanas le pidieron entregar los tesoros de la Iglesia. Lorenzo trajo consigo a todos los pobres y necesitados a quienes servía. El gesto desató la ira del prefecto romano, quien mandó a quemar vivo a Lorenzo en una parrilla. El objetivo de la historia es compartir que los cristianos eran conocidos por servir a los más necesitados. Los cristianos también rompieron barreras sociales y culturales al invitar personas esclavas y libres a celebrar la Eucaristía juntos. El cristianismo no se limitaba a élites sociales o a grupos étnicos o raciales específicos. Todo el que quisiera aceptar el llamado a ser un discípulo de Jesucristo era bienvenido. Igualmente, son muchas las historias de mujeres cristianas que, desafiando estereotipos culturales y sociales, fueron líderes, maestras, testigos y mártires en sus comunidades de fe. Así nace la Iglesia, como comunidad inclusiva de personas que daban testimonio del Evangelio y de la resurrección de Jesucristo.

La Iglesia en la época de oro de los monasterios

Una vez que los cristianos comenzaron a extender su presencia en Asia y pronto en la vasta geografía de lo que hoy en día conocemos como el mundo occidental (principalmente Europa), era imprescindible preguntarse cómo vivir y practicar la fe en los nuevos contextos y en comunidades cada vez más grandes y complejas.

Durante los primeros años de la Iglesia la mayoría de los cristianos celebraban su fe en pequeñas comunidades, las cuales se sostenían por medio de la Palabra de Dios y de la vida sacramental mientras establecían ciertas estructuras para organizarse.

Hacia el siglo IV el Imperio romano dio pasos agigantados para hacer del cristianismo su religión oficial. Esto hay que entenderlo en el contexto de aquel momento: en la antigüedad se acostumbraba a que las preferencias religiosas de los emperadores, reyes y otros líderes políticos fueran el modelo para el resto de la población. Así que las sociedades se adaptaban a dichas decisiones de sus líderes. Hoy sabemos que tal fórmula en el mundo occidental contemporáneo sería muy difícil de imponer.

La comunidad de fe que había sido perseguida durante los primeros tres siglos de la era cristiana, en el siglo IV adquirió un estatus oficial. Esto se debió en parte a lo que muchos llaman "la conversión del emperador Constantino", quien en un sueño vio a Jesucristo invitándole a ser su testigo y mostrándole que como cristiano ganaría una de sus batallas. Constantino ciertamente ganó su batalla y abrió puertas importantes para que el cristianismo tuviera más influencia en el Imperio romano. Su conversión no fue automática, sino que se debe considerar como un proceso de vida que eventualmente se tradujo en una apertura a la realidad, a los valores y a las posibilidades del cristianismo tanto para él como para el imperio. Constantino no se bautizó sino hasta el final de su vida. La mamá de Constantino, Elena, era cristiana. De hecho, es considerada una de las santas de los primeros siglos de la Iglesia. Seguramente ella también tuvo gran influencia sobre su hijo.

Una vez que el cristianismo dejó de ser una religión perseguida y se convirtío en la religión oficial del imperio (aunque no la única, pues el politeísmo se siguió practicando en muchos sectores), los cristianos ya no tenían que huir o esconderse. Esto creó el riesgo de un posible acomodamiento tanto social como político. Muchos cristianos se preguntaron entonces: ¿cómo vivir la fe de una manera renovada para que no se convierta en rutina?

Es así como surgieron personajes cristianos interesantes que buscaban vivir su fe de una manera radical y creativa. Por ejemplo, algunos se fueron a vivir al desierto. Entre ellos están el conocido San Antonio Abad, quien vivió en el desierto, y Simeón "el Estilita", quien decidió vivir sobre un estilo o una columna. Algunas de estas personas se alejaban para vivir en cuevas o sobre columnas o vivían cerca de piedras, y allí se dedicaban a la oración. Estos creyentes estaban convencidos de que la mejor manera de encontrarse con Dios era literalmente alejándose del mundo. Aunque un buen número asumió este estilo de vida, la verdad es que esta no era la primera opción de vida para la gran mayoría de cristianos, pues se necesitaba una gran disciplina y un espíritu radical que no toda persona poseía. Para muchas personas era un poco extraño ver a los cristianos viviendo de esta manera.

Otros cristianos también querían vivir su fe de una manera más intensa, aunque sin "alejarse del mundo", viviendo en el desierto o cerca de un río. Surgen así grupos pequeños de cristianos que vivían juntos y se dedicaban a la oración y a la práctica de los ideales del Evangelio. Por ejemplo, algunas mujeres se organizaron en pequeños grupos de vírgenes consagradas. Muchas de ellas no se casaban y no tenían familia. Vivían juntas haciendo oración y sirviendo a los demás. También surgieron grupos de hombres siguiendo prácticas similares.

Estos dos estilos intensos de vivir la experiencia cristiana son lo que la tradición de la Iglesia llamaría la **vida eremítica**, basada en el alejarse de las realidades más inmediatas para dedicarse solo a Dios, y la **vida monástica**, que consiste en vivir en comunidades de creyentes dedicados a la oración y al servicio.

Las dos opciones atrajeron a distintos grupos de cristianos, aunque la vida eremítica era la opción de muy pocos debido a su radicalidad y exigencias. La vida monástica sería la que más acogida tendría. En el siglo VI, el monje Benito de Nursia elaboró lo que hoy conocemos como la Regla de San Benito (o Regla Benedictina) para su comunidad. La Regla consiste en una serie de consejos y normas que ayudaron a la organización y estructuración de la vida común de quienes vivían en monasterios. La regla habla de cómo interactuar en el monasterio, como organizar la vida diaria, qué prácticas de oración se deben llevar a cabo, cuándo hay que perdonar, qué tipo de trabajo deben hacer los monjes, criterios para admitir o expulsar a una persona del monasterio, etc. Una de las características centrales de la vida monástica benedictina, inspirada en la Regla de San Benito, era la idea de orar y trabajar como ejes de la vida del monasterio: *ora et labora* (ora y trabaja). Muchos monasterios fueron construidos a medida que el cristianismo se expandía en el oriente y occidente, inspirados por dicha visión. Algunos monasterios adaptaron la Regla de San Benito. Con el tiempo las adaptaciones fueron revisadas, muchas veces para volver a la original o para darle un nuevo impulso a la vida monástica. Al leer la historia de las órdenes monásticas más antiguas, es interesante prestar atención a los momentos de reforma, pues ellos nos ayudan a apreciar el deseo de estas comunidades de vivir el Evangelio siempre con un espíritu renovador.

Con frecuencia se habla del período entre los siglos V y XII como la época dorada de la vida monástica. La expansión del cristianismo en el mundo occidental se debe en gran parte a la construcción y florecimiento de los monasterios, tanto de mujeres como de hombres. Durante ese periodo miles de personas adoptaron el estilo de vida monástica. Esto no significa que el cristianismo no haya crecido de otras maneras. De hecho, la mayoría de los cristianos no se dedicaban a la vida monástica. El cristianismo crecía en los hogares y en las comunidades locales. El impacto de los monasterios en la vida cristiana se debió, en gran parte, a la intensidad de la experiencia vivida en ellos. Veamos tres características claves que nos ayudan a entender dicho impacto:

1. Muchos monjes dedicaban gran parte de su tiempo y energía al estudio y a la interpretación de las Sagradas Escrituras. Esto llevó a un florecimiento del estudio de las Sagradas Escrituras durante varios siglos, especialmente a la luz de comentarios bíblicos, expresiones artísticas e incorporación de los textos sagrados en la liturgia y en la vida de oración. Estos ejercicios sentaron la base del pensamiento teológico más conceptual o abstracto que prevalecería en el segundo milenio del cristianismo.

2. Muchos monasterios sirvieron como centros de vida intelectual para sus comunidades locales, e incluso para regiones enteras. Allí se establecieron bibliotecas que contenían copias de las Sagradas Escrituras, comentarios bíblicos, escritos teológicos y manuscritos de distintas áreas del conocimiento.

3. La vida monástica permitió que la vida litúrgica de la Iglesia y varias prácticas espirituales se nutrieran gracias a que quienes vivían en los monasterios y conventos se dedicaban precisamente a orar y a celebrar la fe. Varias ideas cultivadas allí se irían refinando para luego ser implementadas en otras comunidades de fe. La experiencia litúrgica de la Iglesia durante esta época vive un momento de apogeo que más adelante beneficiaría al resto de la Iglesia.

La Iglesia en la Edad Media

El auge de la vida monástica permitió que hacia finales del primer milenio surgieran en la Iglesia varios movimientos de vida cristiana. Como vimos anteriormente, muchos monasterios eran centros de vida intelectual e investigación. Allí era común educar a jóvenes y en ocasiones a niños. Muchos monasterios y conventos también se dedicaban a la evangelización por medio de la misión. Sus miembros con frecuencia eran enviados como misioneros a lugares en donde no existían monasterios. Esto llevó a algunas órdenes monásticas y conventuales a crear estructuras y prácticas que permitieran a sus miembros adaptarse a la realidad externa.

No obstante, algunos monasterios se movieron en una dirección distinta, insistiendo más en las realidades internas de la vida monástica que en el encuentro con las realidades externas. Es en este contexto que aparecen las reformas de la vida monástica que buscaban vivir este estilo de vida cristiana de manera más radical. Algunos monasterios y conventos revisaron la Regla de San Benito y otras reglas para poder vivir más comprometidamente el monasticismo.

En el segundo milenio del cristianismo la comunidad eclesial se sigue expandiendo, especialmente hacia el occidente. Las regiones y territorios que hoy en día constituyen el continente europeo jugarían un papel importante en esta expansión.

Hacia el siglo XII, de los monasterios surgió un movimiento de pensadores cristianos que comenzaron a contribuir reflexiones sobre la fe de una manera más metódica y sistematizada. Aunque seguían estudiando las Sagradas Escrituras y se valían de los comentarios tradicionales, sus reflexiones teológicas entraron más de lleno en diálogo con otras tradiciones filosóficas e históricas. Por supuesto, no eran los primeros en hacerlo. En los primeros siglos del cristianismo vemos algo similar en las obras de San Agustín, en las de varios de los Padres de la Iglesia y otros grandes pensadores. Lo que ocurrió a comienzos del siglo XII fue que dicho enfoque más sistemático de hacer teología se hizo más común entre los intelectuales cristianos del momento. Algo que ayudó a ello fue que el *locus*, palabra en latín que significa "lugar", de este trabajo intelectual dejó de ser primordialmente el monasterio y pasó a las universidades que comenzaban a establecerse. Este fue el momento en que nacieron instituciones educativas como las universidades de Bologna, París y Oxford, entre otras, en el territorio europeo. Estas universidades crearon facultades de teología en donde teólogos llegaban a realizar su trabajo de investigación y análisis en un contexto más académico, en diálogo con otras ciencias del conocimiento, especialmente la filosofía. Así, los monasterios se mantuvieron primordialmente como lugares de vida en común y oración, muchos de ellos todavía dedicados al estudio, pero no con la influencia e impacto que ahora tendrían las universidades.

Como tal, surgieron modelos novedosos de hacer teología como el *método escolástico.* Este modelo partía de la voz y el trabajo de autoridades reconocidas, como en el caso de la Biblia o los Padres de la Iglesia, procediendo luego a hacer preguntas de carácter especulativo. El modelo trataba de responder a esas preguntas intelectualmente, usualmente en diálogo con la filosofía. Los debates entre teólogos llevaron a que los argumentos de la teología como ciencia fueran cada vez más agudos y persuasivos, siguiendo una secuencia racional. La universidad era ciertamente el lugar ideal para dicho ejercicio.

Esta fue también una época de cambios e innovaciones en la vida de diversos grupos de cristianos que vivían en comunidad. A finales del siglo XI y a comienzos del siglo XII surgieron distintos grupos interesados en vivir su fe de una manera más intensa, aunque sin adoptar el modelo monástico o conventual. Por consiguiente, surgen interrogantes como los siguientes: ¿Es posible leer el Evangelio, vivirlo y practicarlo en los hogares, en los barrios, en la vida diaria? ¿Es posible vivir el cristianismo de manera radical, asumiendo la pobreza evangélica, sin tener que convertirse en un monje o una monja?

Muchos cristianos comenzaron a leer el Evangelio para vivirlo precisamente de manera intensa, asumiendo la pobreza evangélica, haciendo trabajo misionero, pero no asociados con un monasterio o una universidad ni con la vida clerical. Al vivir en la pobreza, muchos de ellos tenían que mendigar. De ahí surge que varios de estos grupos pronto se conocieran como "órdenes mendicantes". Estos cristianos se reunían en pequeñas comunidades. Allí oraban, predicaban y se animaban mutuamente a vivir el Evangelio. Algunos vivían juntos por largos períodos de tiempo, aunque sin compromisos permanentes o votos. Muchos asumían un estilo de vida itinerante, es decir que salían constantemente a sus entornos a predicar y enseñar. La experiencia de estas comunidades nos recuerda hoy en día a los muchos grupos de oración parroquiales y los movimientos apostólicos en los Estados Unidos y en otras partes del mundo.

Con frecuencia las pequeñas comunidades se formaban bajo la inspiración del testimonio, las enseñanzas y la visión de un líder en particular. Entre estos líderes vale la pena destacar al bien conocido San Francisco de Asís. Francisco comenzó a leer el Evangelio y descubrió la radicalidad de su mensaje. Él decidió vivir esa radicalidad e inspiró a muchos otros a vivir como él. De Francisco recordamos su compromiso de vivir en la pobreza, su deseo de salir a la misión y su amor especial por la creación. Pero Francisco no fue el único. También tenemos el ejemplo de Santo Domingo de Guzmán, cuyos compañeros eran conocidos por su actividad misionera y un cariño especial por la predicación. Hoy en día la mayoría de los católicos estamos familiarizados con los frailes franciscanos y dominicos. Como Francisco y Domingo, también hubo otros líderes cristianos, mujeres y hombres, cuya visión dio un impulso fuerte al cristianismo del momento.

La Iglesia como institución tuvo que responder a la novedad de este modelo de vida evangélica que proponían los grupos mendicantes. El modelo de vida cristiana comprometida por lo general se asociaba con sacerdotes o religiosos y religiosas viviendo en monasterios. Las respuestas de la Iglesia fueron variadas: desde el acompañamiento hasta la supresión de algunos grupos. Sin embargo, poco a poco la Iglesia como comunidad de fe discernió con estos mismos grupos su lugar en la familia cristiana. Así nacen varias de las grandes órdenes religiosas que hoy en día siguen siendo modelos de una vida cristiana radicalmente comprometida con los principios del Evangelio.

Muchos de estos grupos también fomentaron la práctica de devociones espirituales que ayudaron a los cristianos del momento a acercarse a su fe de una manera más piadosa. Algunas de estas prácticas se fundamentaron en la lectura del Evangelio. Otras eran prácticas asociadas con la vida sacramental de la Iglesia, especialmente la Eucaristía. Una de las grandes contribuciones de estos grupos y sus prácticas devocionales fue invitar al creyente "de a pie" (común) a tomar más en serio la experiencia cristiana en el contexto de la vida diaria.

Vemos así tres dinámicas importantes que surgen en los primeros años del segundo milenio de la era cristiana: (1) el nacimiento de las universidades, el cual condujo a una manera más dinámica y académica de reflexionar sobre la fe por medio de la teología en diálogo con otras ciencias del conocimiento. (2) El nacimiento de las órdenes mendicantes. (3) El germinar de experiencias de vida espiritual nutridas especialmente por devociones populares y litúrgicas, las cuales inspirarían corrientes de pensamiento espiritual y teológico, al igual que una nueva ola de acción misionera.

Este período en la historia de la Iglesia ciertamente se caracteriza por una gran riqueza de expresiones e innovaciones que dieron nueva vida al cristianismo. Sin embargo, no podemos olvidar los momentos difíciles que se vivieron en este mismo período histórico. Uno de ellos es el cisma entre el cristianismo de oriente y el cristianismo de occidente. Ya desde los primeros años del cristianismo se forjaba la distinción cultural, lingüística y teológica entre los cristianos de oriente y los del occidente. Sin embargo, a pesar de las divisiones y diversidad, y de los pequeños grupos de creyentes que con el pasar de los años se habían separado, el cristianismo había mantenido su unidad. En el año 1054 se formalizó la ruptura en medio de tensiones teológicas y políticas. Son varios los aspectos que nos separan de los cristianos ortodoxos (o de rito ortodoxo), como se les llama a los millones de cristianos en la iglesia ortodoxa oriental que no están en plena comunión con la Iglesia católica romana, incluyendo ritos y algunos principios teológicos. La diferencia más notable es que aunque estas comunidades eclesiales reconocen al Papa como cabeza o Patriarca de la Iglesia de Occidente (Roma), ellas tienen sus propios Patriarcas.

Los movimientos e iniciativas que surgieron durante la Edad Media establecieron el derrotero de la experiencia cristiana católica para los siguientes siglos. En este período aparecieron grandes pensadores como San Alberto Magno, Santo Tomás de Aquino, San Buenaventura y muchos otros que dedicaron sus vidas a forjar una reflexión teológica que todavía sigue nutriendo a la Iglesia. De manera similar, las órdenes mendicantes siguieron creciendo y cumpliendo su misión a lo largo de la Edad Media. Varias de ellas se dedicaron al trabajo misionero en distintas partes del mundo. La vida monástica mantuvo su vitalidad durante estos siglos, impulsada especialmente por reformas importantes, la expansión de monasterios y conventos, y la producción espiritual e intelectual de quienes vivían en ellos. La Edad Media fue una época en la que el catolicismo se afianzó mucho más en el mundo occidental.

La Iglesia en la época moderna

Pronto el mundo occidental experimentaría una serie de transformaciones profundas, tanto a nivel político como social y religioso, que tendrían gran influencia en la Iglesia durante el resto del segundo milenio de la era cristiana. Puesto que el número de cristianos había incrementado exponencialmente, era casi imposible que la Iglesia permaneciera ajena a muchas de estas transformaciones. De hecho, en muchas de ellas la Iglesia como institución jugó un papel central. No debe extrañarnos que la historia de la Iglesia contenga varios episodios en los que los Papas y otros líderes eclesiales aparezcan en relación cercana o en tensión con poderes políticos, emperadores, reyes, intelectuales y líderes sociales.

A comienzos de la Edad Moderna (siglos XVI en adelante), la Iglesia como institución poseía grandes territorios en distintas partes de Europa, lo cual implicaba velar por intereses políticos, económicos e incluso de seguridad en cuanto que debía tener un ejército para proteger la soberanía de dichos territorios. Era una época en la que las esferas religiosa y secular se entremezclaban casi de manera natural. La autoridad religiosa de la Iglesia se expresaba por medio de su vida sacramental y espiritual, que siempre ha sido lo esencial a su misión. La autoridad temporal, especialmente en cuanto a lo político y al cuidado de grandes territorios, con el tiempo resultó ser una gran distracción.

En distintos momentos surgieron voces proféticas, incluyendo Papas, clérigos, religiosos y religiosas, místicos, teólogos y laicos que invitaban a la Iglesia a mantenerse fiel al Evangelio para no perder de vista lo esencial a su identidad. Por lo general estas voces y movimientos venían del interior de la Iglesia y buscaban promover cambios preservando la comunión eclesial. En el siglo XVI Martín Lutero, sacerdote agustino, observó ciertas inconsistencias en la vida de la Iglesia y entró en desacuerdo con algunos elementos doctrinales. Su crítica lamentablemente le llevó a separarse del catolicismo junto con otros cristianos con sentimientos similares. Las acciones de Lutero coincidieron con una serie de circunstancias políticas y religiosas que hicieron de su separación de la comunión católica todo un movimiento, el cual concluyó en otro cisma doloroso: la Reforma protestante.

La Reforma protestante fue una experiencia difícil, no solo por la herida causada a la comunión eclesial sino por las implicaciones que la ruptura tuvo en la manera de interpretar y de vivir el cristianismo de ahí en adelante. Los cristianos que hicieron suya la reforma adoptaron ciertas doctrinas y prácticas que diferían de lo que había identificado al cristianismo hasta entonces. Por ejemplo, los cristianos protestantes reconocieron solo algunos sacramentos; comenzaron a hablar de la lectura directa de la Sagrada Escritura sin un diálogo con la Tradición ni con la mediación de la jerarquía. Estas y otras prácticas tendrían un impacto profundo en la manera de vivir el cristianismo en la época contemporánea.

Al mismo tiempo, la Reforma protestante fue una ocasión para que la Iglesia católica romana como institución se diera cuenta de ciertas dinámicas que la estaban distrayendo. En verdad ciertos correctivos eran necesarios para cumplir su misión evangelizadora con más claridad y eficacia. Dichos correctivos tendrían que llevarse a cabo en medio de las circunstancias generadas por la separación de los cristianos protestantes.

Ante la expansión de la Reforma protestante, el Papa Pablo III convocó el Concilio de Trento, el cual se llevó a cabo en un total de veinticinco sesiones entre 1545 y 1560. Durante estos años reinaron tres Papas: Pablo III, Julio III y Pío IV. Desde la perspectiva de la Iglesia católica, el Concilio de Trento fue el verdadero eje de reforma, al menos a nivel interno, más que el cisma protestante. El Concilio se enfocó primordialmente en la vida interna de la Iglesia y buscó fortalecerla para responder a los desafíos de su momento, especialmente la Reforma protestante.

No olvidemos que este Concilio responde a las realidades inmediatas del siglo XVI. El Concilio de Trento invitó, por ejemplo, a una mejor preparación de los sacerdotes, por lo cual decretó que se establecieran seminarios. Trento hizo bastante énfasis en la vida sacramental y proclamó formalmente que hay siete sacramentos. La Reforma protestante aceptaba ampliamente el Bautismo y la Eucaristía, aunque este último con una teología bastante distinta a la tradición católica. Algunas comunidades eclesiales protestantes aceptaban también el Orden Sacerdotal y algunas el Matrimonio como sacramento. Una de las características centrales del pensamiento protestante fue el énfasis en el sacerdocio común. Así el Concilio de Trento diseñó un mapa claro para la Iglesia navegara en su respuesta a la Reforma protestante. Es cierto que el Concilio nació como una reacción necesaria. Sin embargo, le permitió a la Iglesia sentar las bases para moverse con un poco de más claridad hacia los siglos de la época moderna, los cuales probarían ser desafiantes.

La respuesta de la Iglesia católica a la Reforma protestante no se limitó solo al Concilio de Trento. Otra manera de responder fue por medio de movimientos espirituales y misioneros, y la fundación de órdenes religiosas y grupos de vida consagrada que buscaban vivir de manera más dinámica el llamado de la Iglesia a evangelizar por medio de la misión. Entre los grupos más influyentes en la época de la Reforma protestante están los jesuitas, fundados por San Ignacio de Loyola en el siglo XVI. También surgieron nuevas maneras de vivir la espiritualidad cristiana que condujeron a movimientos y a escuelas de vida espiritual en Francia, España, Italia y Alemania y en otras partes de Europa. Por ejemplo, en España durante el siglo XVI nos encontramos con grandes líderes espirituales como Santa Teresa de Ávila y San Juan de la Cruz, reformadores de la tradición carmelita.

El Concilio de Trento y el surgimiento de comunidades misioneras que buscaban revitalizar el catolicismo dieron un nuevo aire a la Iglesia católica. Mientras esto ocurría, en los años que siguieron al descubrimiento de América en 1492, el horizonte de la Iglesia se expandía de una manera única, lo cual exigía gran creatividad pastoral. Al descubrir a América se abrió, literalmente, un mundo de posibilidades que iba más allá de responder a los desafíos y a las tensiones en Europa. Para muchos católicos el continente americano ofrecía un nuevo comienzo. Con la llegada de los españoles y de los portugueses se establecieron comunidades católicas en todas partes del nuevo territorio. La Iglesia católica plantaría sus raíces de manera profunda. Quinientos años después, casi la mitad de todos los católicos en el mundo entero vivían en el continente americano (Norte, Centro y Sur, y en el Caribe). El protestantismo habría de esperar varios siglos para florecer en estas tierras.

Los siglos que siguieron a la Reforma protestante fueron tiempos fascinantes para la Iglesia: tiempos de misión, tiempos de reforma, tiempos de respuesta, tiempos de cambio y tiempos de expansión. Los católicos van como misioneros no solo al continente americano sino también a África y a Asia como parte de los esfuerzos de expansión colonial de varios poderes europeos. La Iglesia expandía su presencia global.[2] Mientras dicha expansión ocurría, Europa experimentaba cambios profundos en sus estructuras políticas y sociales. Los emperadores y los reyes de los siglos XVI y XVII poco a poco perdían su poder e influencia, dando paso a nuevos modelos de gobierno fundamentados en principios democráticos. Los cristianos católicos también tuvieron que hacerle frente al desafío de los movimientos políticos, sociales y económicos del momento, incluyendo los efectos de la industrialización, al igual que movimientos intelectuales como la Ilustración y el Enciclopedismo.

En el contexto de todas estas transiciones, la Iglesia como institución va perdiendo muchos de sus territorios en Europa y poco a poco pasa a ser una institución enfocada más en un liderazgo espiritual y moral que político. Durante este mismo período, sus raíces crecen rápida y profundamente en el continente americano, y por medio de la misión sigue incrementando su presencia en otras partes del mundo como en África y Asia. Así llegamos los católicos al siglo XX, respondiendo a múltiples reformas, movimientos y dinámicas que desde el siglo XVI desafiaban la manera como definía su identidad en un mundo cambiante y cada vez más complejo. Todas estas reformas y movimientos ayudarían a la Iglesia como institución y como comunidad de fe a vislubrar con más claridad su papel en el contexto del siglo XX, especialmente en el mundo occidental. Hasta cierto punto tales cambios prepararon a la Iglesia para confrontar con más efectividad los retos que definen la experiencia de los católicos en un mundo globalizado.

La Iglesia desde el siglo XX hasta hoy

Los muchos cambios que ocurrieron en el mundo occidental a nivel político, sociológico y religioso entre los siglos XVI y XIX eventualmente exigieron que la Iglesia como institución considerara una vez más preguntas que los cristianos se habían hecho en otras épocas: ¿Cuál es el papel de la Iglesia ante las nuevas realidades? ¿Qué significa ser cristiano católico en el mundo contemporáneo? Dichos cambios y dinámicas también inspiraron movimientos de renovación interna que más adelante se cristalizarían en el Concilio Vaticano II.

A finales del siglo XIX y a comienzos del siglo XX, los católicos examinaron modelos de estudio y de interpretación bíblica, con frecuencia asociados a teólogos y exégetas protestantes. Estos modelos de estudio, también usados por varios intelectuales católicos, exploraban las Sagradas Escrituras usando un conjunto de enfoques que hoy en día se conocen como parte del método histórico-crítico. Dicho método se vale de las contribuciones de las ciencias—como la arqueología, la lingüística, la antropología, la numismática (estudio de medallas y monedas), los estudios culturales y otros campos del conocimiento—para entender mejor los contextos en los que fueron escritos los distintos libros de las Sagradas Escrituras.

Por lo general los católicos se habían abstenido de usar esos métodos y privilegiaban una lectura más espiritual y teológica, usualmente en el contexto de la liturgia y la oración. Esta lectura espiritual tenía un carácter bastante literal. Los argumentos teológicos con frecuencia eran "probados" o "fundamentados" con textos bíblicos, pero sin hacer antes un análisis exegético crítico. Varios expertos bíblicos católicos comienzan a insistir en el valor de un estudio más crítico y científico de las Sagradas Escrituras, algo que muchos expertos bíblicos protestantes ya venían haciendo por muchas décadas. En 1943 el Papa Pío XII en su encíclica *Divino Afflante Spiritu* ("Por inspiración del divino Espíritu") invita a la Iglesia a valerse más de lleno de estos métodos científicos modernos para el estudio de las Sagradas Escrituras. Este fue ciertamente un gran paso que revolucionó los estudios bíblicos en el mundo católico.

Durante esta misma época surgieron también distintos movimientos de renovación de la vida espiritual, los cuales poco a poco llevaron a la Iglesia a considerar posibles reformas litúrgicas. Por ejemplo, por siglos la Iglesia había celebrado formalmente la Misa en latín y se exploraba la posibilidad de celebrarla en la lengua vernácula o lengua diaria de cada pueblo (ej., español, inglés, francés, chino, coreano, etc.). Algunos pensadores se oponían a esto argumentando que el latín era el lenguaje oficial de la liturgia de la Iglesia y que era mejor dejar la liturgia como "siempre" se había hecho. Otros se preguntaban sobre el impacto de celebrar en distintos idiomas, haciendo los ritos y las oraciones más accesibles a naciones y culturas enteras que no estaban familiarizadas con el latín. Muchas de estas discusiones llevaron a formular preguntas sobre el papel del pueblo que participa en la liturgia, especialmente los laicos: ¿Son quienes no están en el santuario celebrando o ayudando solo espectadores? Si participaban, ¿cómo lo hacían y cuál era la manera más apropiada de hacerlo? ¿Cuál es la meta fundamental de la liturgia? Dichas preguntas ya vislumbraban una reflexión más amplia sobre el papel de los laicos en la vida de la Iglesia, incluyendo su participación en la liturgia y su protagonismo en la misión evangelizadora.

En el campo de la teología, se reconocía que el modelo escolástico (el cual se forjó en la Edad Media) y el neo-escolástico (una versión más contemporánea en diálogo con voces y modelos filosóficos más recientes) habían jugado un papel importante. Sin embargo, muchos teólogos católicos también resaltaron las limitaciones de dichos modelos y se abrieron a explorar otros métodos al igual que al diálogo con otras ciencias, lo cual le dio un impulso renovado a la reflexión teológica del siglo XX. Este impulso continuaría en el siglo XXI. Dicha energía renovada en el quehacer teológico tuvo mucho que ver con los movimientos intelectuales entre los católicos que fomentaron un reencuentro con los Padres de la Iglesia, con las Sagradas Escrituras y con otras fuentes primarias del cristianismo. El diálogo con las ciencias sociales abrió las puertas a considerar creativamente nuevos puntos de partida para el quehacer teológico. Vale la pena resaltar la importancia, cada vez mayor, que se le da a la experiencia del ser humano en su diario vivir y en la particularidad de su contexto como fuente clave para hacer teología.

A nivel de la catequesis, se comenzó a reflexionar si la *Confraternidad de la Doctrina Cristiana*, el modelo tradicional que se había usado por varios siglos para catequizar a los católicos más jóvenes, era el más adecuado para formar en la fe a los católicos viviendo en las sociedades del siglo XX. Mucho había ocurrido en el mundo de la educación en la época moderna y contemporánea que podría inspirar nuevos modelos pedagógicos para enseñar la fe, particularmente modelos que se centraran en los niños o estudiantes. También se comenzó a hablar ampliamente de la urgencia de una catequesis de adultos y una catequesis familiar.

Todos estos movimientos de renovación compartían al menos dos elementos en común:

1. La convicción de que todos los bautizados, no solo el clero y los religiosos, deberían participar en la actividad evangelizadora de la Iglesia en todas sus expresiones. Se buscaba de manera especial motivar a los laicos a afirmar y a vivir

intencionalmente su vocación bautismal y así actuar en la historia como agentes solícitos de la evangelización.

2. Una apertura a distintos movimientos de reflexión teológica y pastoral, usando metodologías y modelos de análisis más contemporáneos para el estudio de la fe. Dicha apertura implicaba más diálogo con las ciencias sociales y con corrientes filosóficas contemporáneas. También los católicos estaban más abiertos a un estudio de las Sagradas Escrituras desde una perspectiva no solamente teológica y espiritual, sino también antropológica, sociológica, psicológica y cultural.

Estos y otros esfuerzos similares se cristalizaron finalmente en el Concilio Vaticano II, convocado por el Papa Juan XXIII con la idea de invitar a la Iglesia a un proceso de renovación y actualización con relación a su presencia y su acción en el mundo contemporáneo. Ciertamente no todas las propuestas de reforma que existían fueron adoptadas por el Concilio. Sin embargo, el espíritu de apertura y diálogo de esta reunión, al igual que su insistencia en que la Iglesia debía avanzar su misión evangelizadora en relación con el mundo contemporáneo para responder a los desafíos que nos afectan a todos, le dio impulso a una manera renovada de ser Iglesia en el mundo actual.

Con el Concilio Vaticano II la Iglesia recibe un nuevo "mapa" para navegar las realidades contemporáneas en un mundo complejo, cambiante y globalizado. Así como Trento respondió a las dinámicas históricas, sociales y religiosas del siglo XVI, el Vaticano II lo hace en el siglo XX. En el siglo XXI seguimos poniendo en práctica la visión de este gran concilio. Para poder apreciar mejor su visión, todo estudiante de historia y de eclesiología debe comenzar por leer atentamente las cuatro constituciones conciliares: *Gaudium et Spes* (*Constitución pastoral sobre la Iglesia en el mundo actual*), *Dei Verbum* (*Constitución dogmática sobre la Divina Revelación*), *Lumen Gentium* (*Constitución dogmática sobre la Iglesia*) y *Sacrosanctum Concilium* (*Constitución sobre la Sagrada Liturgia*). Estos son realmente documentos fascinantes e inspiradores.

Los años después del Concilio Vaticano II han sido intensos en cuanto a la manera de interpretar sus documentos y su visión, y al esfuerzo de hacerlo vida en las distintas comunidades eclesiales en todo el mundo. Esto ha ocurrido a la luz de tres realidades importantes:

1. El contexto contemporáneo de globalización. Nuestro mundo está cada vez más conectado gracias a la tecnología, a los medios masivos de transporte, a las estructuras económicas y políticas, y a los medios de comunicación social. Parece que las distancias se acortan día a día en todo sentido. Ahora hay más movilidad de individuos y comunidades. Cada vez somos más interdependientes. Muchos fenómenos que ocurren en un lugar del mundo, ya sea a nivel político o social o económico, con frecuencia afectan a sociedades enteras de manera casi inmediata. La Iglesia como institución no puede quedarse aislada o estática. Tampoco puede depender en todos sus aspectos de un solo centro para comunicar el mensaje del Evangelio. Los católicos necesitamos entrar en diálogo con estos movimientos globalizadores tanto a nivel universal como local para ser una voz que guíe la reflexión sobre lo que significa ser cristiano y humano en este instante de nuestra historia.

2. Los centros tradicionales que determinaban los ritmos y el caminar de la Iglesia en el mundo se han ido diversificando. Por muchos siglos Europa se mantuvo como el continente católico por antonomasia y como la fuente de energía del catolicismo para millones de cristianos. Hoy en día la energía del catolicismo a nivel global no viene necesariamente

de Europa. En el siglo XX el continente europeo experimentó un proceso radical de secularización. La mayoría de los europeos actualmente se consideran "post-cristianos" o personas que ya no se valen de los valores y paradigmas cristianos para interpretar la realidad. La Iglesia como institución ha perdido bastante influencia en muchas de las sociedades de este continente. Lo mismo otras comunidades de fe. Sin embargo, el catolicismo crece con mucha energía en América Latina, África y Asia. Allí en estos continentes surgen nuevos centros de vida católica cristiana, nuevas maneras de hacer teología y nuevas maneras de evangelizar. Incluso en países como los Estados Unidos, son los católicos latinos, entre otros, quienes están renovando la vida de comunidades que hasta hace poco practicaban un catolicismo definido primordialmente por patrones culturales euroamericanos.

Esa energía y visión renovada se comparten de muchas maneras con el mundo entero. Un gran ejemplo de estos giros en el siglo XXI es la elección del primer Papa latinoamericano en toda la historia del catolicismo: el Papa Francisco, elegido en el año 2013. El Papa Francisco introdujo un estilo distinto para hablar de la misión evangelizadora de la Iglesia, refiriéndose a esta acción con un espíritu renovado. Dicho espíritu fue influenciado claramente por la experiencia de toda una vida como agente pastoral católico en el contexto latinoamericano. No es difícil detectar elementos parecidos a dicha experiencia en contextos africanos y asiáticos, puesto que las realidades que han vivido los católicos en estos continentes son un poco similares a las experiencias de aquellos de América Latina y el Caribe. Tal es la experiencia que hoy en día le da vida al catolicismo en Europa, Norteamérica y en otros lugares del mundo.

3. Hoy en día los católicos proclamamos nuestra fe en medio de un ambiente pluralista que nos exige ser creativos. Como analizamos anteriormente, el secularismo es una fuerza bastante influyente que no podemos infravalorar en este contexto pluralista. Dicha fuerza con frecuencia trata de minimizar el impacto de la Iglesia y de las comunidades de fe en la vida social y en la vida política. Al mismo tiempo, nuestras sociedades cada vez más diversas son testigos de cómo personas de muchas tradiciones cristianas y religiosas coinciden en los mismos barrios y ciudades. Los católicos somos parte de esa diversidad religiosa, la cual nos exige entrar en diálogos de carácter ecuménico (entre cristianos), interreligioso (con religiones no cristianas) e intercultural (entre las muchas culturas de nuestro tiempo). Este no es un momento para alejarse o quedarse en silencio, pues la Iglesia tiene mucho que decir a la luz del Evangelio de Jesucristo. Este es un momento clave para dar testimonio respondiendo a los desafíos y a las posibilidades de nuestro mundo contemporáneo. Así se definirá el impacto del cristianismo católico en el siglo XXI.

Teniendo en cuenta estas realidades en las primeras décadas del siglo XXI, el Concilio Vaticano II sigue siendo el mapa más apropiado para guiar el caminar del catolicismo en el mundo contemporáneo. Este es un siglo en el que la Iglesia será desafiada una vez más, aunque en un contexto bastante complejo, para liderar el camino como institución de carácter religioso sostenida por los principios del Evangelio de Jesucristo y como conciencia moral de la humanidad.

Conclusión

En este capítulo nos encontramos con un resumen breve de realidades y acontecimientos claves dentro de la historia de la Iglesia, los cuales nos permiten reconocer la riqueza de una comunidad de fe que desde el principio ha estado guiada por el Espíritu Santo. Sin lugar a duda, no ha sido una historia estática ni monótona. La historia de la Iglesia es la historia de los discípulos de Jesucristo que viven en contextos sociales y culturales específicos, los cuales determinan en gran parte la manera cómo vivimos nuestra fe.

Mucho ha ocurrido desde la experiencia de los apóstoles que vivieron con Jesús y desde lo que transcurrió después de la resurrección: las primeras comunidades, los primeros concilios, la vida monástica, el nacimiento de las universidades, el escolasticismo, las misiones, los cismas y tensiones, los movimientos de reforma, el espíritu de modernismo que ha retado a la Iglesia, los desafíos globales y tecnológicos del mundo contemporáneo, el pluralismo y la secularización, la riqueza del Concilio Vaticano II, las migraciones que transforman comunidades de fe, etc. A medida que transitamos por la historia, los cristianos católicos tenemos una conciencia cada vez más fuerte de ser una Iglesia comprometida con la realidad en la que estamos insertos, pues la Iglesia es el Pueblo de Dios que vive en esa realidad. Somos la Iglesia y somos la sociedad. Y sabemos que el Espíritu Santo nos acompaña en este largo caminar histórico del cual la meta última es la eternidad con Dios.

Si hay algo que nos da esperanza como cristianos católicos es que al caminar juntos por la historia, Dios no abandona a la Iglesia. Aún en los momentos más difíciles de nuestras comunidades de fe, encontramos momentos de gracia y testigos que nos recuerdan con voz profética qué significa ser discípulos de Jesucristo. Conocer nuestra propia historia es importante porque nos permite tener conciencia de los grandes logros inspiradores de muchos creyentes y comunidades. La historia de la Iglesia nos recuerda que la riqueza del cristianismo católico no es un accidente, sino el fruto del esfuerzo de muchos discípulos de Jesucristo, guiados por el Espíritu Santo, transmitiendo su fe de una generación a otra para que nosotros la recibiéramos y la viviéramos hoy en día. Conocer la historia nos permite afirmar los buenos ejemplos y nos ayuda a no repetir los errores del pasado.

Cuando se escriba un libro como este dentro de 10, 30 o 100 años, los lectores de ese entonces mirarán a nuestra época y nombrarán nuestras contribuciones—y seguramente nuestras limitaciones. Así que nosotros somos parte de la historia de la Iglesia. Mientras más conscientes seamos de ello, mejores serán nuestras contribuciones. Hacer historia es una responsabilidad de todos. Ser Iglesia significa ser parte del caminar histórico al cual Dios nos llamó desde un principio y al final del cual nos espera. Somos Pueblo de Dios llamado a vivir en marcha, pueblo peregrino que busca la presencia divina en el presente histórico y al final de la historia. Que este recuento histórico sea una oportunidad para amar mucho más a nuestra Iglesia.

Preguntas para la reflexión y el diálogo

1. ¿Qué te llamó la atención sobre lo que ocurrió en los primeros cinco siglos del cristianismo? Menciona el acontecimiento que más te llamó la atención, y explica por qué lo elegiste.

2. ¿Ves alguna semejanza entre los movimientos de cristianos que querían vivir el Evangelio de manera más comprometida a comienzos de la Edad Media y los movimientos apostólicos en nuestro día? Señala al menos dos semejanzas y reflexiona por qué dicho deseo es importante para la Iglesia.

3. ¿Qué aprendiste sobre el Concilio Vaticano II? ¿En qué te ayuda la visión de este concilio a vivir tu fe de una manera más comprometida con la realidad en que vives?

5

Ser Iglesia en los Estados Unidos y en un mundo globalizado

Todos los bautizados estamos llamados a vivir nuestro discipulado cristiano en el contexto específico donde vivimos. Es en el aquí y el ahora de nuestras vidas en donde escuchamos el llamado de Dios, entramos en relación con Jesucristo, formamos comunidades de fe y anunciamos la Buena Nueva a tiempo y a destiempo. Reflexionamos en este capítulo sobre lo que significa ser Iglesia en los Estados Unidos y en un mundo globalizado.

La Iglesia católica en los Estados Unidos

La experiencia católica en los Estados Unidos debe su origen primordialmente a la presencia de católicos inmigrantes y misioneros que han venido de distintas partes del mundo a plantar las raíces del Evangelio en este país. Con el paso del tiempo, esas raíces han echado fruto dando lugar a una experiencia netamente estadounidense, la cual sigue siendo renovada y fortalecida por nuevas olas de católicos inmigrantes que vienen de distintas partes del mundo.

Los primeros católicos que llegaron a lo que hoy en día es el territorio de los Estados Unidos fueron hispanos, inicialmente inmigrantes y misioneros españoles. Luego vendrían católicos de muchas otras partes del mundo.

La Iglesia en los Estados Unidos se estableció en medio de luchas y dificultades en un momento de la historia cuando se exploraba "el nuevo mundo", tal como se conocía el continente americano. La mayoría de los católicos que llegaron en el siglo XVI a lo que hoy en día es el territorio estadounidense venían de Europa. Algunos de ellos eran misioneros asociados con órdenes religiosas católicas como los jesuitas, los franciscanos y los agustinos. La mayoría de los que llegaron, sin embargo, eran políticos, militares, negociantes, aventureros y muchas otras personas con una gran variedad de intereses. Mientras que para los misioneros el interés religioso era claro, para la mayoría de los exploradores que se identificaban como católicos en aquel momento la religión no era necesariamente su prioridad. Así, en medio de una mezcla de intereses se establecen las primeras comunidades católicas.

Es importante observar que es solo hasta 1776 que los Estados Unidos comienza a existir como nación independiente, y los territorios que hoy en día son el Sur y el Oeste del país no eran parte de la nación en el momento de su fundación. Entre los grandes logros durante los primeros años de la presencia católica en el territorio que hoy en día es los Estados Unidos estuvieron las misiones, fundadas por las órdenes religiosas que habían llegado. La primera de estas misiones fue la misión "Santo Nombre de Dios" en Saint Augustine, Florida, establecida en 1565. Otras se establecieron en el territorio del

Sureste. Sin embargo, la mayoría de las misiones católicas se establecieron en el Suroeste del país, especialmente en California, Texas, Arizona y Nuevo México. Las misiones eran pequeñas comunidades que servían como centros de educación en la fe y de celebración de la experiencia católica. Al mismo tiempo sirvieron como resguardos para proteger a los indígenas de la explotación y el maltrato por parte de personas inescrupulosas. Las misiones jugaron un papel importante en los primeros años de la presencia católica en el Sur de lo que más adelante se llamaría los Estados Unidos. Sin embargo, el catolicismo hispano de estos primeros años no se expandió hacia otras partes del territorio y se quedó confinado principalmente en los territorios del sur. Con el tiempo muchas de las misiones cerraron y desaparecieron, perdiendo así su influencia. De todos modos, las raíces católicas quedaron en estas tierras.

Durante el siglo XVI y XVII los franceses controlaban una gran porción geográfica conocida como Luisiana, la cual más adelante sería añadida al territorio estadounidense. En varias partes de este territorio colonial los franceses establecieron comunidades católicas. El catolicismo con tradiciones francesas no se expandió mucho, pero sí dejó raíces, especialmente en el sur del país. En 1803 Francia vendió el territorio de Luisiana a los Estados Unidos.

Durante el siglo XIX, ya cuando los Estados Unidos había comenzado a existir como nación, grandes olas de inmigrantes europeos provenientes primordialmente de países como Irlanda, Alemania y Francia, más tarde de Italia, Polonia y Portugal, entre otros, llevaron al establecimiento de una experiencia católica bastante europea y diversa, con poca influencia hispana. Para entonces el catolicismo florecía en el Este del país. Los católicos europeos trasplantaron lo mejor de sus tradiciones y experiencias al nuevo territorio en donde ahora se encontraban. La población católica creció rápidamente durante el siglo XIX.

Hacia el año 1800 se estima que había aproximadamente unos 200.000 católicos esparcidos en lo que en aquel entonces era el país. Cien años después había más de 16 millones de católicos. Esta fue una época en la que se crearon muchas estructuras. Estos inmigrantes construyeron miles de iglesias y escuelas. Posteriormente construyeron hospitales, universidades y redes de servicio social que hoy en día dan testimonio del impacto de la presencia católica en la sociedad estadounidense.

A medida que los inmigrantes católicos europeos se establecían y sus hijos se asimilaban a la cultura estadounidense, surge lo que conocemos hoy en día como el *catolicismo euroamericano*. Las generaciones nacidas en el país pronto dejaron muchas de sus prácticas culturales y lingüísticas que eran comunes entre los inmigrantes, adoptando el inglés como el idioma común y forjando nuevas maneras de ser estadounidenses, aunque profundamente influenciados por sus raíces católicas. Estas nuevas generaciones se beneficiaron claramente de la inversión que sus padres hicieron en la educación católica, especialmente por medio de escuelas y universidades patrocinadas por la Iglesia. Millones de católicos euroamericanos se profesionalizaron y pasaron a ser parte de la clase media que emergía en el país durante la primera mitad del siglo XX. En tan solo siglo y medio, los católicos euroamericanos realizaron el sueño que había motivado a muchos inmigrantes a llegar a este país, convirtiéndose en parte clave del tejido social estadounidense.

Durante la segunda mitad del siglo XX las comunidades católicas estadounidenses, en su gran mayoría euroamericanas, serían testigos de la llegada de varios millones de inmigrantes católicos, la mayoría de ellos con raíces latinoamericanas, caribeñas, asiáticas y africanas. Muy pocos inmigrantes europeos fueron parte de esta ola católica.

La experiencia eclesial católica hispana en el siglo XXI

Junto con la experiencia católica euroamericana que se forjó en el país y fue paradigmática durante los siglos XIX y XX, coexisten otras experiencias católicas cuyas raíces culturales son hispanas, afroamericanas, asiáticas e indígenas. La mayoría de ellas han sido parte de la sociedad estadounidense y de la Iglesia por varios siglos, enriqueciendo miles de comunidades de fe. Desde la segunda mitad del siglo XX y en lo que va del siglo XXI, la experiencia católica hispana o latina es la que más rápido ha crecido y la que está trasformando profundamente el catolicismo estadounidense.

Es importante recordar que la presencia católica hispana tiene una amplia historia de varios siglos en este país y no se debe limitar solo a las migraciones recientes desde América Latina y el Caribe. En el siglo XIX los Estados Unidos como nación joven se lanzó a una tarea expansionista que le llevó hacia los territorios del Sur y del Oeste del continente. En medio de este impulso expansionista, en 1848 cerca de la mitad del territorio mexicano fue anexado por medio del Tratado Guadalupe Hidalgo. ¡Los mexicanos que vivían en este territorio en aquel entonces, la mayoría católicos, un día se fueron a dormir como mexicanos y se despertaron como ciudadanos estadounidenses! Es por ello que los mexicoamericanos dicen: "nosotros no cruzamos la frontera; la frontera nos cruzó a nosotros". Cincuenta años más tarde, en el año 1898, España se encontraba en una situación política y militarmente precaria. Al entrar en lo que se le conoce como la guerra hispano-americana de 1898, es vencida y como resultado pierde control sobre Cuba y Puerto Rico, entre otros territorios en el Caribe y en Asia. Cuba se independiza en 1902. Mientras tanto, Estados Unidos anexó a Puerto Rico como colonia. Más adelante le reconocería como estado libre asociado, aunque sujeto a la autoridad del Congreso estadounidense. Los puertorriqueños constituyen la segunda población hispana más grande de los Estados Unidos. A finales de los años cincuenta y en las décadas que siguieron hubo una migración masiva de cubanos hacia los Estados Unidos, huyendo del régimen comunista que implantó Fidel Castro en la isla de Cuba en 1959.

Durante los años setenta y ochenta las guerras civiles, las dictaduras, y las dificultades económicas en Centroamérica y en Suramérica obligaron a millones de personas a desplazarse hacia los Estados Unidos. La inestabilidad económica en México, la falta de oportunidades especialmente para los más pobres y la cercanía limítrofe a los Estados Unidos han hecho que millones de mexicanos se dirijan "al Norte" buscando mejores condiciones de vida para ellos y sus familias. La mayoría de los inmigrantes hispanos en Estados Unidos hoy en día son mexicanos. Aunque las condiciones geográficas e históricas son distintas, todas estas realidades hacen eco a las razones por las cuales también millones de inmigrantes europeos llegaron a los Estados Unidos durante el siglo XIX y a comienzos del siglo XX.

La gran mayoría de inmigrantes provenientes de América Latina y del Caribe en Estados Unidos son católicos. La mayoría de sus hijas e hijos todavía se identifican como tal. Dos terceras partes de estos hispanos nacieron aquí. Esta presencia mixta de hispanos inmigrantes y estadounidenses, de los cuales aproximadamente el 58% se identifican como católicos, está transformando significativamente a la Iglesia como institución y a sus estructuras en el país. La presencia hispana es una oportunidad para que las comunidades católicas se renueven e incorporen experiencias y realidades culturales y religiosas que hasta hace poco permanecían en las periferias de nuestras comunidades de fe.

A mediados del siglo XX los hispanos constituían apenas entre el 5% y el 7% de toda la población católica en los Estados

Unidos. En la segunda década del siglo XXI los hispanos constituyen cerca del 43% de todos los católicos en el país. Es más, si miramos a las generaciones más jóvenes, cerca de dos terceras partes de católicos estadounidenses menores de 18 años son hispanos (aproximadamente el 60%). Por consiguiente, el presente y el futuro de la Iglesia católica en los Estados Unidos están íntimamente ligados a la experiencia hispana. Se estima que a mediados del siglo XXI entre el 60% y el 65% de todos los católicos en el país van a tener raíces hispanas.

¿Qué significa todo esto? La comunidad hispana es una rica mezcla de experiencias norteamericanas, centroamericanas, caribeñas, suramericanas, españolas, indígenas y afroamericanas, entre otras. Nuestro contexto común es la Iglesia en los Estados Unidos. Así que el éxito de la tarea evangelizadora en el siglo XXI en este país dependerá en gran parte de cómo se integren las experiencias que traen los inmigrantes hispanos y aquellas experiencias de católicos hispanos que nacen y crecen en el país. Al mismo tiempo hay que reconocer que las experiencias y contribuciones de los católicos hispanos no son solamente para los hispanos sino para toda la Iglesia en los Estados Unidos. Por consiguiente, hay que crear condiciones y oportunidades para que los hispanos asumamos un papel protagónico como agentes de la Nueva Evangelización en los espacios y en los ambientes en donde nos encontramos.

Como bien sabemos, la Iglesia es el Pueblo de Dios, comunidad de mujeres y hombres bautizados llamados a vivir la abundancia del amor de Jesucristo resucitado en el aquí y el ahora de nuestra experiencia histórica. Los católicos hispanos, junto con los católicos de otras tradiciones culturales, *somos la Iglesia* en los Estados Unidos. Por consiguiente, en este siglo XXI en este país, la comunidad hispana tiene la responsabilidad de ser Iglesia y de construir Iglesia para que la experiencia católica siga creciendo y produciendo bendiciones en esta parte del mundo.

Ser católico hispano implica traer lo mejor de la riqueza de las culturas dentro de las cuales florecen los valores del Evangelio *a la latina*. Ser católico hispano es afirmar los distintos idiomas que se hablan para crear comunidad y para compartir la Buena Nueva: hay hispanos que hablan español, inglés, y lenguajes indígenas, entre otros. Ser católico hispano significa ser testigos de experiencias profundas y hermosas de la vida en comunidad. Ser católico hispano implica tener una sensibilidad especial hacia los más necesitados y vulnerables porque muchos hispanos somos parte de estos grupos, y después de tanto experimentar la pobreza y la necesidad nos hacemos más sensibles y solidarios.

Ser católico hispano es compartir la belleza del catolicismo popular. Esto puede ser por medio de nuestras procesiones, altarcitos, novenas, tradiciones religiosas, la manera como las expresiones religiosas se hacen parte del lenguaje diario (ej. "Si Dios quiere", "Que Dios te bendiga", "Ay bendito", "Primero Dios", etc.), lo cual permite a la Iglesia católica en los Estados Unidos renovarse desde lo más sencillo y desde allí explorar los misterios más profundos de la tradición cristiana. Ser católico hispano significa poner atención a aquellas voces que son instrumento del amor de Dios y transmisores de la fe en la vida diaria: abuelas y abuelos, aquellos voluntarios incansables en nuestras comunidades de fe, catequistas, misioneros, padres de familia, líderes de movimientos apostólicos, etc. Nos encontramos ante una oportunidad de ser Iglesia de manera renovada desde la perspectiva de la experiencia hispana.

La Iglesia en la aldea global

Desde un principio la Iglesia se ha sabido enviada. En el Evangelio escuchamos las palabras del Señor: "Vayan, y hagan que todos los pueblos sean mis discípulos, bautizándolos en el nombre del Padre y del Hijo y del Espíritu Santo, y enseñándoles a cumplir todo lo que yo les he mandado. Y yo estaré siempre con ustedes hasta el fin del mundo" (*Mt* 28,19-20). Durante los últimos dos milenios las comunidades cristianas han hecho precisamente eso: salir a anunciar la experiencia del Señor Jesucristo influenciadas por los contextos más inmediatos en los que ha estado inserta. Viviendo en los Estados Unidos, experimentamos y anunciamos la fe como católicos estadounidenses. Sin embargo, ¡la experiencia de iglesia no se limita a lo que ocurre en los Estados Unidos! La Iglesia como comunidad de bautizados está presente en el mundo entero y sigue creciendo. De los cerca de 2.200 millones de cristianos en el mundo, aproximadamente la mitad somos católicos. La Iglesia se sigue expandiendo en el mundo entero y hoy en día los medios de comunicación y la tecnología nos permiten ser más conscientes de esta experiencia global.

Tres puntos a tener en cuenta cuando miramos la Iglesia desde una perspectiva global.

Primero, en el siglo XXI seguimos siendo testigos del fenómeno que se intensificó en el siglo XX por medio del cual los centros de acción y pensamiento católicos se han ido diversificando geográfica, cultural y lingüísticamente. Hace un poco más de un siglo se asumía que para exponerse a lo mejor del pensamiento y acción católica, había que ir primordialmente a Europa—y en ocasiones a Norteamérica. Hoy en día la gran mayoría de los católicos en el mundo entero viven en lo que se conocía como el tercer mundo o sociedades en proceso de desarrollo. El 40% de todos los católicos en el mundo viven en América Latina, por ejemplo. Sin embargo, el continente en donde el catolicismo está creciendo más rápidamente es África. Aunque en Asia el cristianismo continúa siendo una pequeña minoría, allí también la Iglesia se expande rápida y creativamente porque el Evangelio está siendo anunciado de una manera renovada y en diálogo con las culturas locales. Hoy en día el crecimiento y la expansión del catolicísimo en la aldea global no dependen de impulsos de colonización y poder, sino de un espíritu de misión que respeta y afirma la particularidad de lo local, aunque buscando maneras de mantener una comunión universal. En el siglo XXI seguramente seguiremos siendo testigos de una Iglesia que asume cada día más su espíritu misionero en la aldea global.

Segundo, en el contexto de la globalización observamos, especialmente gracias a los medios de comunicación, que podemos estar al día sobre lo que ocurre en otras partes del mundo con relación a la Iglesia. Por ejemplo, sabemos bastantes detalles de las tensiones y conflictos alrededor del mundo que afectan a los cristianos católicos. Hoy en día conocemos mejor las dificultades de millones de cristianos, al igual que de creyentes de otras tradiciones religiosas, para profesar y practicar su fe. Cientos de miles de ellos han perdido sus hogares y muchos otros incluso sus vidas por su fe. Se nos llama entonces a asumir una actitud de solidaridad global con nuestras hermanas y hermanos en la fe. Dicha solidaridad se puede expresar en oración por mejores condiciones de vida, ayuda económica o compromisos locales como el dar la bienvenida a refugiados y a sus familias en nuestras comunidades.

Tercero, al contemplar la manera como los Papas contemporáneos ejercen su ministerio, se nos invita a asumir una perspectiva global sobre la manera en que vivimos nuestra fe. Por ejemplo, con la elección histórica del Papa Francisco como el primer Papa latinoamericano, se afirma ante el mundo entero la influencia y riqueza evangelizadora de América Latina, en donde vive cerca del 40% de los católicos. También se ponen al servicio de toda la Iglesia modelos pastorales y teológicos latinos y latinoamericanos, y se resaltan temáticas que son urgentes para cientos de millones de católicos en contextos similares a los de América Latina. No se trata del turno de Latinoamérica de "imponer" su visión sobre cómo se debe ser Iglesia o cómo se debe avanzar el pensamiento cristiano. Se trata más bien de reconocer que como Iglesia somos el Cuerpo de Cristo en el aquí y el ahora de nuestra realidad, con muchas partes y muchas experiencias. Somos una comunidad eclesial llamada a la comunión con Dios en Jesucristo y en su verdad. Esa llamada a la comunión exige reconocer y afirmar las sensibilidades culturales y religiosas que traemos como cristianos para compartirlas unos con otros. En un mundo globalizado somos parte del todo en comunión, ya sea que vivamos en América Latina, en Australia, en África, en Europa, en Asia o en Norteamérica. Somos comunión porque Jesucristo nos llama a ser testigos de su Evangelio en todos estos lugares. Esta es una invitación a abrir nuestros corazones a reconocernos como una Iglesia en medio de nuestras diferencias, una invitación a afirmar la dimensión global del catolicismo, la cual nos fortalece como comunidad de fe y expande nuestros horizontes.

El ecumenismo y el diálogo interreligioso

Una de las grandes preocupaciones de la comunidad cristiana católica ha sido la unidad, a la cual nos referimos con frecuencia usando la categoría *comunión*. A lo largo de los siglos ha habido varias divisiones entre los cristianos por distintas razones: disputas filosóficas, falta de cuidado mutuo, malentendidos teológicos, e incluso interpretaciones erróneas de la misma tradición cristiana. No hace mucho se asumía que los cristianos que no estaban en comunión eclesial tampoco podían o debían dialogar unos con otros, algo que eventualmente fue clarificado.

El Concilio Vaticano II abordó el tema de la unidad cristiana de manera intencional e invitó a todos los católicos a considerar la centralidad del diálogo ecuménico. Cuando hablamos de ecumenismo, nos referimos al diálogo *entre cristianos*, personas que nos identificamos como discípulos de Jesucristo. El Concilio Vaticano II hizo énfasis en este tipo de diálogo por varias razones. Primero, porque los cristianos, a pesar de profesar nuestra fe en el mismo Señor y tener muchos elementos en común en cuanto a la práctica de la fe, no estábamos hablando unos con otros. Dicha falta de diálogo es contraria al deseo del Señor de que todos seamos uno, tal como nos lo recuerda la oración sacerdotal en el evangelio según San Juan: "Padre santo, cuida en tu Nombre a aquellos que me diste, para que sean uno, como nosotros" (*Jn* 17,11). Segundo, los cristianos estábamos desaprovechando una gran oportunidad para trabajar juntos, a la luz de nuestra fe, en la construcción de sociedades más justas y solidarias inspiradas en los valores del Evangelio. Tercero, la falta de diálogo entre los cristianos fomentaba una desconfianza mutua que no permitía apreciar la fe de otros discípulos de Jesucristo, la cual con frecuencia tiene mucho en común con la fe de la Iglesia católica.

Por consiguiente, el Concilio Vaticano II invita a un diálogo ecuménico con las siguientes convicciones:

1. Es un diálogo que reconoce humildemente que los católicos no somos los únicos cristianos. De hecho, la mitad de los cristianos en el mundo entero no se identifican como católicos. Aunque se reconoce que la Iglesia católica ha recibido todos los elementos necesarios que han sido revelados por Dios para la salvación de la humanidad, como Iglesia celebramos que las raíces del Evangelio han crecido en el corazón de millones de personas más.

2. Es un diálogo que reconoce que por estar fundamentados en la fe en Jesucristo y en el Evangelio, existen elementos verdaderos y buenos en otras tradiciones cristianas que vale la pena afirmar. Afirmar estos elementos es reconocer que Dios es la fuente de toda verdad y todo bien.

3. Es un diálogo que exige que la Iglesia viva auténticamente su identidad como comunidad llamada a la comunión. Si la Iglesia es testigo de comunión, como comunidad e institución tiene que tomar la iniciativa, ser la primera en crear las condiciones para este diálogo ecuménico, buscar a otros cristianos y establecer criterios y el lenguaje que permitan que este puente de comunicación produzca frutos de comunión. La vocación de la Iglesia es precisamente la comunión.

Durante los años que transcurrieron después del Concilio Vaticano II se han hecho muchos esfuerzos para avanzar diálogos ecuménicos con distintos grupos y desde distintas perspectivas. El Papa San Juan Pablo II hizo una gran contribución a esta tarea por medio de su carta encíclica *Ut Unum Sint* ("Que todos sean uno"), sobre el empeño ecuménico, escrita en 1995. En esta gran reflexión, el Papa invitó a que el diálogo ecuménico comience con una conversación sobre las verdades teológicas y las convicciones que nos identifican como tradiciones de fe cristiana. El éxito de este diálogo no es simplemente reconciliar diferencias prácticas, pues nos podemos distraer con asuntos externos, sino en afirmar lo profundo y lo substancial que nos identifica. Al mismo tiempo, este tipo de diálogo ecuménico exige una cooperación práctica en la oración común. Al reunirnos con personas de otras tradiciones cristianas, es importante comenzar en la oración y tener una apertura a la renovación interna y estructural cuando sea necesario.

En las últimas décadas hemos visto cómo la Iglesia católica ha ajustado ciertas actitudes y prácticas que impedían el diálogo ecuménico, aunque sin cambiar sus convicciones doctrinales. Lo importante para que haya diálogo ecuménico es que comencemos con nuestras convicciones, afirmando las verdades fundamentales que cimientan nuestra fe y que nos dan vida. El diálogo ecuménico exige un amor profundo y gran fidelidad a las Sagradas Escrituras. Es un diálogo que tiene sus raíces en el misterio de Jesucristo resucitado. El diálogo ecuménico afirma las estructuras que le permiten a la Iglesia avanzar su misión, la vida sacramental, la importancia del Orden Sacerdotal, el papel del Magisterio y las enseñanzas que se han venido transmitiendo a través de los siglos como parte de la Tradición. Desde una perspectiva católica, el diálogo ecuménico progresa bajo la intercesión de la Virgen María, nuestra Madre espiritual, quien intercede para que los cristianos realmente seamos uno.

En el Concilio Vaticano II también se cristaliza la conciencia de la comunidad católica que reconocía que hay muchas personas en el mundo entero que buscan la verdad y el bien, como lo hacemos los cristianos, pero que viven su experiencia de fe en el contexto de otras tradiciones religiosas. Entre ellas están los judíos y los musulmanes, quienes comparten muchos elementos de verdad con el cristianismo, comenzando con el monoteísmo (afirman que hay un solo Dios). También podemos pensar en otras tradiciones religiosas que existen en el mundo y que poseen muchos elementos de verdad y bien. El diálogo con estas tradiciones no cristianas puede conducir a un tipo de afinidad que, aunque no es perfecta, nos permite reconocer valores comunes, el deseo universal del ser humano de buscar a Dios, y el deseo amoroso de Dios de salir al encuentro de la humanidad en la historia. Una de las grandes ventajas del diálogo interreligioso es que nos permite hacerles frente a aquellos prejuicios negativos que minusvaloran a personas de otras religiones como a veces ocurre con los judíos y los musulmanes, y con miembros de muchas otras tradiciones religiosas.

En un mundo globalizado, la Iglesia no puede esconderse o ignorar las realidades y convicciones religiosas que le dan sentido a la vida de los cerca de seis mil millones de personas que no son católicas. La Iglesia está llamada a ser semilla de comunión, verdad y transformación.

En el siglo XXI, a medida que la Iglesia en los Estados Unidos se vuelve cada vez más hispana, es urgente que los católicos hispanos—al igual que los católicos de otros grupos étnicos y raciales en el país—nos involucremos de lleno en prácticas de diálogo ecuménico e interreligioso. De hecho, los católicos estadounidenses han estado a la vanguardia de estas conversaciones desde el siglo XX y es imprescindible que dicho liderazgo continúe. Aparte de involucrarse en este tipo de diálogos que son muy importantes para la vida de la Iglesia, los católicos hispanos en los Estados Unidos tenemos mucho para contribuir a la luz de nuestras experiencias culturales y religiosas. Por ejemplo, el sentido profundo de comunidad y solidaridad que caracteriza a las culturas hispanas; el deseo de trabajar incansablemente por una sociedad mejor; el compromiso por que todos los discípulos de Jesucristo oremos juntos, trabajando para que el Reino de Dios se haga presente en medio de nosotros: un Reino "de justicia, de paz y de gozo" (*Rm* 14,17).

La Iglesia frente a un mundo cada vez más secularizado

Al reflexionar sobre lo que significa ser Iglesia en los Estados Unidos y en el mundo globalizado durante el siglo XXI, como Pueblo de Dios necesitamos confrontar una realidad que es motivo de gran preocupación en nuestro día, especialmente para los creyentes cristianos: el *secularismo.* Al hablar del secularismo nos referimos en términos generales a un conjunto de convicciones y actitudes de personas que dicen no creer en Dios, o no tener argumentos para explicar el por qué creer en Dios, o no tener la capacidad de creer en Dios, o no encontrarle valor a la religión, o simplemente el vivir en lo cotidiano como si Dios no existiera.

Las ideas secularistas siempre han existido en la historia de la humanidad. Las razones por las cuales muchas personas adoptan estas ideas varían. En el pasado hubo pequeños grupos de pensadores al igual que élites sociales, políticas y económicas que solían adoptar actitudes secularistas. Estos grupos siempre fueron una minoría. Sin embargo, desde el siglo XIX el pensamiento secularista ha ido adquiriendo más fuerza, especialmente en las sociedades de occidente (ej. Europa, Norteamérica, América Latina). En el siglo XX dicha fuerza se intensificó dramáticamente. Europa, por ejemplo, comenzó el siglo XX como un continente en donde la mayoría de los creyentes profesaban el cristianismo y en el mismo siglo concluyó declarándose post-cristiano. El auge de estas ideas secularistas en gran parte tiene que ver con el hecho de que su impacto no se limita simplemente a grupos pequeños y aislados, frecuentemente elitistas, sino que se han convertido en un fenómeno culturalmente popular entre las masas, con una amplitud de expresión cultural más allá de la filosofía y de la literatura. Además, es cada vez más común ver a personas que se identifican como simpatizantes de ideas secularistas promoviéndolas de manera proselitista, irónicamente al estilo de ciertos grupos religiosos, por medio de la educación, la política, los medios de comunicación y por las varias estructuras sociales que regularizan nuestro entorno diario. El secularismo se presenta actualmente como una opción atractiva y seductora para los jóvenes.

En décadas recientes el secularismo como fenómeno intelectual y cultural también ha adquirido mucha fuerza en los Estados Unidos, un país mayoritariamente cristiano. En el año 1991, aproximadamente el 3% de la población estadounidense se identificaba como atea o agnóstica o personas que simplemente vivían sin afiliación religiosa. Hacia el año 2008 el porcentaje de personas en este grupo había incrementado al 13%. En el 2017 el porcentaje subió aproximadamente al 23%. No todas estas personas son ateas o agnósticas, pues muchas de ellas admiten algún elemento de espiritualidad en sus vidas. Sin embargo, después de que exploraran dicha idea vaga de espiritualidad, sin la guía de una comunidad de fe o de una tradición específica, terminan asumiendo actitudes secularizadas.

La comunidad católica hispana en los Estados Unidos también ha sido profundamente influenciada por actitudes secularizantes. Se estima que en el año 2014 aproximadamente el 25% de la población hispana en los Estados Unidos estaba constituida por personas que fueron católicas en algún momento de su vida y en el presente ya no lo son. Estamos hablando de aproximadamente 15 millones de hispanos que dejaron a la Iglesia. Lo más preocupante, al menos desde una perspectiva de fe, es que aproximadamente el 80% de estas personas hoy en día no se identifican con ninguna tradición religiosa y parecen haberse secularizado.

La Iglesia católica ciertamente se ha mantenido alerta ante estas realidades y nos invita a que las hagamos parte de nuestra reflexión en el contexto de la Nueva Evangelización. Hemos de preguntarnos: ¿Qué significa ser Iglesia aquí y ahora? ¿Podemos darnos el lujo de ignorar a estas personas que han adoptado actitudes secularistas y seguir adelante simplemente con los que se han quedado en la Iglesia? Si somos fieles la llamada misionera del Señor, la respuesta tiene que ser no. ¿Vamos a escondernos de la realidad e ignorar lo que ocurre a nuestro alrededor porque es muy complejo? Nuevamente, la respuesta tiene que ser no.

Una de las imágenes más desafiantes que se ha propuesto en medio de la conversación sobre la Nueva Evangelización es que la Iglesia, movida por la naturaleza de su misión, necesita salir al "Atrio de los Gentiles". Este es básicamente aquel espacio donde se encuentran las personas que debaten y cuestionan la fe, ideas sobre Dios y la religión, al igual que la realidad. No nos debe dar temor hablar con ellos porque con frecuencia son nuestros hijos, nietos, vecinos, sobrinos, ahijados, etc., quienes en algún momento de sus vidas asumieron alguna de estas expresiones secularistas pero todavía están dispuestos a considerar un diálogo sobre Dios y sobre el sentido de su vida.

En un mundo cada vez más secularizado, la Iglesia está llamada a ser un símbolo del amor y de la presencia de Dios. En un mundo cada vez más secularizado la Iglesia está llamada a ser, en palabras del Papa Francisco, "un hospital de campaña" en el campo de batalla, un espacio en donde las personas encuentren siempre el amor sanador y la misericordia restauradora de Dios. Es allí en donde las personas que algún día dejaron de practicar su fe o de creer en Dios deben reencontrarse con la verdad y la propuesta de dirección que nos ofrece Jesucristo, nuestro Señor, las cuales nos motivan a vivir como una comunidad de discípulos misioneros.

La Iglesia como conciencia, modelo y testigo en la sociedad contemporánea

El Concilio Vaticano II hizo una invitación clara y concisa a todos los católicos a entrar en diálogo con nuestras realidades más inmediatas, pues es en el aquí y el ahora de nuestra realidad en donde estamos llamados a vivir como discípulos misioneros. Por consiguiente, debemos preguntarnos: ¿Cuál es el papel que la Iglesia debe jugar en el mundo contemporáneo como institución y como comunidad de discípulos cristianos? ¿Cómo hemos de posicionarnos frente a los desafíos que definen y marcan la vida de los católicos en nuestra sociedad?

Para responder a estas preguntas, lo primero que tenemos que decir es que la Iglesia no existe en lo abstracto ni es un accidente. La Iglesia es una comunidad que Dios quiso que existiera desde el momento en que la concibió en la eternidad y la hace realidad en la historia. Como comunidad Trinitaria (Padre, Hijo y Espíritu Santo), Dios es modelo de la Iglesia. Dios confirma a la Iglesia en la historia por medio del Misterio Pascual de Cristo Jesús y su Espíritu Santo. Dios quiere que la Iglesia siga siendo testigo de su gracia divina y administradora de esa gracia en la historia. Al mismo tiempo hay que afirmar que la Iglesia está donde los bautizados estamos: ya sea que nos encontremos en un contexto rico o pobre, marginalizado o influyente, en un país latinoamericano o asiático o en los Estados Unidos, en un grupo de jóvenes o de personas mayores, en una comunidad de personas indocumentadas o una de ciudadanos, etc. Cualesquiera que sean las circunstancias dentro de las cuales vivamos, donde estamos los bautizados ahí está la Iglesia.

Es precisamente al sabernos parte de un contexto socio-cultural específico que la Iglesia se convierte en voz y consciencia del Evangelio para desafiar las estructuras que con frecuencia marcan el derrotero de la vida diaria de una sociedad. En los Estados Unidos existen ciertas realidades que exigen que la población cristiana católica dé testimonio de sus convicciones evangélicas, de la Palabra de Dios en las Escrituras y en la Tradición. Por ejemplo, ser católico en los Estados Unidos significa tomar una posición clara de denuncia frente a leyes y prácticas que promueven el aborto, la pena de muerte, la eutanasia y la guerra; leyes y prácticas que no apoyan la vida familiar e incluso buscan redefinirla en contraposición a la tradición judeocristiana; leyes y prácticas que con frecuencia incitan a la violencia y a la proliferación de armas; leyes y prácticas que minimizan la dignidad de los inmigrantes, los refugiados y las minorías; leyes y prácticas que hacen poco o nada para combatir la pobreza y la falta de oportunidades para vivir con dignidad.

Como Iglesia estamos llamados a ser la conciencia de nuestra sociedad respondiendo a todas estas realidades con la verdad del Evangelio. Nuestra respuesta es una respuesta misericordiosa. Es importante afirmar que ser misericordioso no significa excusar situaciones que ocurren a nuestro alrededor y quedarnos en silencio. El pecado hay que denunciarlo. Ser misericordioso significa ejercer nuestra voz profética dando testimonio del amor y la verdad de Jesucristo en el aquí y en el ahora de nuestra realidad. Si esto implica persecución, incluso el sacrificio del martirio, tal como ha ocurrido con un sinnúmero de cristianos a través de la historia, hemos de ser los primeros. Tertuliano decía que "la sangre de los mártires es semilla eficaz". Esta convicción sigue teniendo validez y relevancia hoy en día. Se necesita una Iglesia profética; una Iglesia que abogue por la vida, el inmigrante, las personas más vulnerables de nuestra sociedad; una Iglesia que denuncie la violencia doméstica, el sexismo, el racismo, la explotación laboral, y la indiferencia hacia los más pobres; una Iglesia que sea pionera en cuanto al cuidado del orden creado. Los católicos hemos de ser testigos por excelencia del Evangelio en el mundo actual.

Conclusión

En el contexto de la historia, la Iglesia no existe en lo abstracto, sino en las realidades específicas en la cual vivimos los bautizados. No hemos hablado de una Iglesia norteamericana o estadounidense, sino de la *Iglesia en los Estados Unidos.* La Iglesia es mucho más grande y es un misterio mucho más amplio que lo que ocurre en los Estados Unidos, pero para quienes somos parte de ella en este país, es en este contexto en donde somos católicos y en donde vivimos nuestro discipulado cristiano. Esta convicción nos exige ser conscientes de nuestra propia historia o, dicho de una mejor manera, de las muchas historias que sustentan la experiencia católica estadounidense. Conscientes de que el catolicismo es una realidad que llegó con los inmigrantes a los Estados Unidos y que sigue siendo transformada por inmigrantes; es importante reconocer la contribución de los millones de personas que vienen de distintas partes del mundo, con muchas experiencias y tradiciones, a formar comunidades de fe. Dichas experiencias se unen a las de los millones más de católicos estadounidenses que han vivido en el país durante varias generaciones. Con frecuencia nos encontramos todos reunidos en parroquias, en movimientos apostólicos, en grupos de oración y en instituciones educativas católicas. Este encuentro de experiencias nos ofrece un anticipo de la vida eterna, en donde todos vendremos desde los confines de la tierra a contemplar la gloria de Dios en Jesucristo. Hasta cierto punto ya vivimos esto en nuestras comunidades multiculturales: ¡Qué privilegio ser católico en los Estados Unidos!

En nuestras comunidades de fe tenemos la responsabilidad de reflexionar sobre lo que significa ser un católico estadounidense. Ante todo, la misión de la Iglesia es llevarnos a un encuentro con Jesucristo resucitado, anunciando la riqueza del Evangelio y celebrando el Misterio Pascual. Sin embargo, esa misión no se limita a la mera celebración de ritos y luego a continuar nuestras vidas como si todo se limitara a los templos y a los pequeños grupos a los que pertenecemos. Alimentados con la Eucaristía, habiendo celebrado los demás sacramentos y sostenidos por la Palabra de Dios, abrazamos la misión de la Iglesia, que se extiende a la vida diaria en cuanto a que estamos llamados a responder a las realidades particulares de los contextos en los que nos encontramos.

Los Estados Unidos es una sociedad bastante plural y diversa. Por consiguiente, es necesario que seamos conscientes de la importancia del diálogo ecuménico y del diálogo interreligioso. El sector de la sociedad que más rápido está creciendo en los Estados Unidos, en términos de afiliación religiosa, es el de las personas secularizadas. Millones de ellos, en algún momento de sus vidas, fueron formados dentro de la tradición cristiana católica. Como católicos tenemos la responsabilidad de buscarlos para entrar en diálogo respetuoso, de entender su caminar y sus interrogantes, y de anunciarles con entusiasmo las convicciones de fe que nos identifican como discípulos de Jesucristo. Eso es parte del trabajo evangelizador que estamos llamados a realizar.

Estudiar el misterio de la Iglesia es una invitación a amar a Jesucristo más profundamente y a todos aquellos que son sus discípulos. No tendría sentido decir que amamos a Jesucristo pero no amamos a la Iglesia. El Señor es la cabeza, nosotros somos su cuerpo, tal como nos lo recuerda el apóstol San Pablo. Como miembros del Cuerpo de Cristo participamos en su misión evangelizadora. Unidos al Señor, aceptamos construir a la Iglesia en el aquí y en el ahora de nuestra existencia.

Preguntas para la reflexión y el diálogo

1. ¿De qué manera estamos los hispanos transformando la experiencia de ser Iglesia en los Estados Unidos en el siglo XXI? Ofrece al menos dos ejemplos.

2. ¿Por qué es importante que los católicos hispanos asumamos más responsabilidad fomentando el diálogo ecuménico?

3. ¿Cuáles dirías tú que son hoy en día los tres temas o asuntos más urgentes en nuestra sociedad en los cuales los católicos hispanos necesitamos involucrarnos con nuestras perspectivas de fe para construir una sociedad más humana y justa? Explica brevemente cada uno de estos temas.

Recomendaciones de lectura

Los siguientes son algunos libros y documentos recomendados como referencia para las personas que estén interesadas en seguir profundizando y meditando más sobre la Iglesia. Todas las citas de las Sagradas Escrituras son tomadas de la versión de la Biblia, *El libro del Pueblo de Dios*, en la página electrónica de la Santa Sede (http://www.vatican.va/archive/ESL0506/_INDEX.HTM).

El Catecismo de la Iglesia Católica. Disponible en línea en www.vatican.va.

CELAM. *Aparecida: Documento Conclusivo.* Bogotá: CELAM, 2007.

Concilio Vaticano II (Documentos). Disponibles en línea en www.vatican.va.

Francisco. *Evangelii Gaudium*, exhortación apostólica sobre el anuncio del Evangelio en el mundo actual, 2013. Disponible en línea en www.vatican.va.

González, Justo L. *Historia del cristianismo. Vol. 1: Desde la era de los mártires hasta la era de los sueños frustrados*. Edición revisada. Miami, FL: Editorial Unilit, 1994.

González, Justo L. *Historia del cristianismo. Vol. 2: Desde la era de la Reforma hasta la era inconclusa*. Edición revisada. Miami, FL: Editorial Unilit, 1994.

Matovina, Timoteo. *Ministerio hispano: Una introducción*. Notre Dame, IN: Ave Maria Press, 2016.

Ospino, Hosffman. *El Credo: Un encuentro con la fe de la Iglesia*. Notre Dame, IN: Ave Maria Press, 2017.

Pablo VI, *Evangelii Nuntiandi*, exhortación apostólica acerca de la evangelización en el mundo contemporáneo, 1975. Disponible en línea en www.vatican.va.

Notas

1. ¿Qué significa ser Iglesia?

1. Al hablar de escatología nos referimos a aquellas realidades que tienen que ver con el fin de la historia. Por ejemplo, la vida con Dios en la eternidad, el cumplimiento de las promesas divinas, el cielo, el infierno, el purgatorio, etc. Aunque el Reino de Dios ya comenzó con Jesucristo, tendrá su máxima realización en la eternidad con Dios.

2. Todos los documentos del Concilio Vaticano II se encuentran disponibles en línea gratuitamente en la página del Vaticano: http://www.vatican.va/archive/hist_councils/ii_vatican_council/index_sp.htm. También el Catecismo de la Iglesia Católica: http://www.vatican.va/archive/catechism_sp/index_sp.html.

4. La Iglesia desde la época de Jesús hasta hoy: una breve mirada histórica

1. Para aprender más sobre el Credo, ver *El Credo: Un encuentro con la fe de la Iglesia* (Notre Dame: Ave Maria Press, 2017).

2. Más adelante la comunidad católica reflexionaría sobre su participación en las dinámicas de la colonización que acompañaron a los procesos evangelizadores durante esta época. En el siglo XXI el Papa Juan Pablo II y el Papa Francisco pedirían perdón por la participación de muchos católicos en los excesos e injusticias perpetuadas durante la época colonial.

Hosffman Ospino es profesor de teología y educación religiosa en Boston College, en donde también es director de programas de postgrado en ministerio hispano. Está vinculado activamente a la pastoral hispana de la parroquia de San Patricio en Lawrence, Massachusetts.

Es autor de El Credo: Un encuentro con la fe de la Iglesia.

Nacido en Bogotá Colombia, el Dr. Ospino recibió su doctorado en teología y educación de Boston College en el 2007. Es uno de los oficiales de la Academia de Teólogos Católicos Hispanos de los Estados Unidos al igual que de la Sociedad Teológica Católica de América. También es miembro de la junta directiva de la Asociación Nacional de Educación Católica. Sirvió como miembro del equipo de liderazgo coordinando el proceso del Quinto Encuentro Nacional de Pastoral Hispana/Latina.

En el 2018 El Dr. Ospino recibió el Premio Lumen Gentium, otorgado por la Conferencia de Planeación Pastoral y Formación de Consejos, y el Premio Virgilio Elizondo por logros distinguidos en el campo de la teología, otorgado por la Academia de Teólogos Católicos de los Estados Unidos. En el 2016 el Dr. Ospino recibió el premio NCCL Catechetical Award por parte de la Conferencia Nacional de Liderazgo Catequético. En el año 2015 su artículo "El rostro cambiante de la Iglesia" ganó el segundo lugar en la categoría de mejor reportaje en detalle como parte de los premios que otorga la Asociación de Prensa Católica. *Our Sunday Visitor* nombró al Dr. Ospino como uno de los católicos del año 2014 por sus contribuciones investigativas.

Él es el autor o coautor de diez libros y ha aportado a publicaciones como *America* magazine, *Momentum*, *New Theology Review*, *Catechetical Leader*, *The Ligourian*, *US Catholic*, *Our Sunday Visitor*, y varias revistas académicas. Ha aparecido en entrevistas en CNN, Univision y NPR. El trabajo del Dr. Ospino ha sido examinado en varios periódicos como *The New York Times*, *The Washington Post*, y *National Catholic Reporter*. Actualmente sirve como consultor catequético para *Our Sunday Visitor*.

El Dr. Ospino vive en el área de Boston con su esposa, Guadalupe, y sus hijos.